JN044010

お得な使い方を全然わかっていない

投資初心者ですが、

NISAって結局どうすればいいのか教えてください!

Okeydon
桶井道

すばる舎

はじめに

新しいNISAを「**神NISA**」と名づけたい！
「神NISA」は徹底活用することでゲームチェンジャーになる――私は、そのように確信しています。理由はのちほど説明します。
「神NISA」を始めて、あなたの人生を変えましょう。このあと、時代背景を説明するためにいったん暗い話をしますが、不安にならないでください。本書があなたを導き、「神NISA」の使い手へと成長させ、人生をチェンジするためのスタートラインへとご案内します。

さて、給与は伸びない、退職金もあてにならない、年金も増えない、預金の利息は雀の涙、その上、40年ぶりのインフレに襲われている――これが、私たち日本人を取り巻いている現実です。
そんな状況では、いわゆる「老後不安」を抱く人が多いのではないでしょうか？　足りなくなりそうな老後の生活費のため、「死ぬまでずっと働き続ける」ことを、選択肢の1つとして真剣に考えている人もたくさんいるでしょう。
しかし、どんなに「自分は死ぬまで働く！」と覚悟を決めていたとしても、それを実現できるかどうかはわかりません。社会情勢がそれを許さないかもしれませんし、自分自身や家族の病気によって、働ける状況ではなくなってしまうかもしれません。
となると、残る手段は1つ。**投資をして将来に向けての資産を増やし、その資産（お金）に働いてもらうことで、配当金や分配金などの「果実（リターン）」を老後資金の足しにする**ことです。
日本では「投資」と聞くと、怪しげなもの・怖いもの・ギャンブルみたいな危険なもの、というイメージを抱く人が少なくありません。
まずは、そのイメージを捨て去りましょう！　投資はギャンブルとは異なります。ギャンブルは寺銭（てらせん）を抜かれた残りの額をみんなで分け合う「マイナスサムゲーム」ですが、投資は長期にわたって行えば、参加者みんなが利益を得る「プラスサムゲーム」にできます。

投資のタイミングや、ターゲットとなる業種（セクター）、銘柄などを分散すれば、損失のリスクを低減させることも可能です。

そして**投資、とくに株式への投資を始めるには、いまが好機**です！

理由の1つは、**2024年から新しいNISA（神NISA）がスタートす**るからです。

金融商品から得られる譲渡益や配当金・分配金などの利益には、通常、20.315%の税金がかかります。

2023年末までの従来のNISAも、2024年から始まる新しいNISAも、この税金が非課税になるという意味では、投資家にとって大変ありがたい制度です（でした）。

しかし従来のNISAには、非課税期間について「つみたてNISA」で20年、「一般NISA」で5年の縛りがありました。期間満了となるまでに利益を確定できなければ、強制的に損益が確定されてしまうため、それまでに利益を出さねばならない、などのデメリットがありました。

NISAを利用できる上限額（「つみたてNISA」で年40万円・総額800万円か、「一般NISA」で年120万円・総額600万円。併用不可）もさほど大きくなく、「素晴らしい！」と手放しでは喜べない制度だったのです。

ところが**2024年から始まる新しいNISAでは、非課税期間が一生涯へと一変！**　期間の縛りがなくなるというのは、本当に素晴らしいことです。たとえ金融危機が起きて保有株式などがしばらく含み損になったとしても、何年かそのままにしておいて嵐が過ぎるのを待てばいいのですから。

さらに、**非課税で運用できる金額の上限（一生涯）も1人あたり1800万円へと大きくアップ！**（1年間で利用できる上限額は360万円です。）

公的年金だけではカバーできない老後資金の不足額として、近年2000万円という数字が目安として語られています。新しいNISAは満額の1800万円まで利用すれば、その不足額を上回る可能性がある

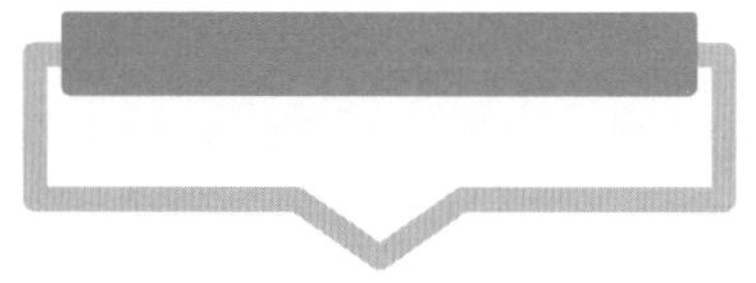

ほどの金額を、まるまる非課税で運用できるのです。

税金が取られず、運用期間が無期限、しかも運用額の上限が大きい……と、いいことずくめなのが新しいNISAです。

加えて言うと、**いまは日本株に大相場のチャンスが来ています。**

2023年に入って以降、日経平均株価は立て続けにバブル期以降の最高値を更新。それは、いろいろな追い風が重なった結果です。

新しいNISAの創設のほかにも、たとえば**東京証券取引所が2023年春に、上場企業にPBR（株価純資産倍率）1倍超えのための対策を求めたこと**が挙げられます。各上場企業はPBR1倍超えを目指し、株主還元を意識した増配や自社株買いへ積極的な姿勢を見せています。

また**「投資の神様」と言われることもあるウォーレン・バフェット氏が日本の株式を評価し、商社に投資している**ことを公言しています。

永遠に思えるほど長く続いたデフレ経済からも、ついに脱却の様子が見られ、**多くの日本企業が増収増益を発表**しています。

このように、日本株にはありとあらゆる追い風が吹いています。

ネット証券が身近になり、米国をはじめとする外国株へも、わずかな手数料で気軽に投資できるようになりました。端的に言えば「ポチる」だけで諸外国への投資が可能になっていますから、スマホやパソコンさえあればいいわけで、**投資環境も整っています。**

とくに**世界の経済成長を引っ張る米国企業に気軽に投資できる**ことは、大きなメリットです。検索エンジンやECサイト、SNSや次世代人工知能など、現代社会の基盤となっているイノベーションの多くは、米国企業が発信源だからです。

投資歴が長く、若い頃は苦労して株式を売買するたびに、きっちり税金を取られてきた私からすると、新しいNISAのような非課税制度の恩恵を受けながら、万全の投資環境でこれから投資を始められる方がうらやましくて仕方ありません。

このチャンスを逃す手はありません。みなさんも、ぜひ「神NISA」を活用して投資を始めてください！

私自身について、簡単に自己紹介をしておきます。

私は1973年生まれ、今年50歳を迎えた個人投資家・物書きです。

大学卒業後に就職してから、給与の多くを貯金に回し、それを元手に25歳で日本株への投資を始めました。会社員時代は「労働＋節約＋貯金＋投資」の歯車を必死に回し続けました。

30代前半で第1の転機が訪れます。内臓に病気が見つかったのです。完治は難しく、一生付き合っていかなければならない病気でした。

39歳以降、病気は一進一退を繰り返し、年々、体力的にきつく感じるようになってきました。

2016年には外国投資を始め、米国株の成長やパワーを体感。

2017年、43歳で資産が7200万円になったのを機に時短社員にダウンシフト。時間ができたので外国株投資を勉強し、翌2018年から外国投資の額を増やしたことで、資産形成のスピードが上がりました。

2018年には母の傷病に伴い介護休職を経験。そして2020年、資産1億円で、約25年間勤めた会社を早期退職しました。

現在は両親（父は難病・要介護5、母はがんサバイバー）の介護・見守り、家事をしつつ、単行本や連載、ブログなどを通じて、投資やFIREに関しての情報を発信しています。投資のお陰で、お金の不安なく親の介護をし、「好き」を仕事にできている現状があります。

コツコツつくった資産はいまや1億5000万円に成長。この資産が生み出す年およそ200万円の配当金（手取り額）を、今後も新しいNISAを最大限に活用するなどして、2025年には年240万円に、2033年に60歳となるときには年300万円にまで育てる計画です。

時間をかけて成長させた資産が配当金や分配金などの利益を生み、「お金がお金を生む装置」として稼働し出すと、日々の生活や老後に大きな安心感を得られます。本書を通じて、読者のみなさんにも、そうした「安心感」を手にしてほしいと切に願っています。

2023年11月　桶井 道（おけい どん）

新しいNISAを使いたおして今度こそ「お金の不安」を解消しよう

うまく使えば、
これだけで
老後の生活費の
「2000万円
問題」も
解決できる
そもそも、
新しいNISAは、
従来から存在した
NISAの制度が
2024年1月から
大拡充された
ものだよ
FIRE
へえ〜

でも、ボクはあんまり
投資に詳しく
ないんだけど、
こんなボクでもできる？
老後のお金の
心配が
なくなるのは
大きいな
……
のんびり

もちろん投資だから、
完全に自己責任では
あるけど、事前にしっかり
予習すれば、そうそう
負けないよ
じゃあ、
早速
見ていこう！
がんばるぞ！
NISAは
お得なだけでは
なくて、
初心者に優しい
制度だから、
そんなに
不安に
ならなくても
いいと思うよ
FIRE

用語解説

「NISA」の言葉は知っていても、
「専門用語がわからない」と思われている方へ向けて、
本書のなかでよく使っている用語を簡単に解説します！
予備知識としても活用してください。

NISA Nippon Individual Savings Account の略で、訳語は「（少額）投資非課税制度」とされることが多い。決められた金額までの一定範囲内の投資について、そこから発生する譲渡益や配当金・分配金に通常かかる税金（所得税・住民税・復興特別所得税）が免除される。2024年からは大きく制度改定（改良）される。

つみたてNISA 2023年末までの従来のNISAにおいて、いわゆる「積み立て投資」を行うために設定された非課税の投資枠。2024年からは新規購入不可（2023年以前に購入した分は、そのまま期限満了まで非課税で保有できる）。

一般NISA 2023年末までの従来のNISAで設定されている非課税の投資枠。「つみたてNISA」よりも幅広い投資先を選択できる。2024年からは新規購入不可（2023年以前に購入した分は、そのまま期限満了まで非課税で保有できる）。

つみたて投資枠 2024年からの新しいNISAにおいて、いわゆる「積み立て投資」を行うために設定された非課税の投資枠。

成長投資枠 2024年からの新しいNISAで設定されている非課税の投資枠。「つみたて投資枠」よりも幅広い投資先を選択できる。

ジュニアNISA 2023年末までの従来のNISAで、17歳までの未成年向けに設定された非課税の投資枠。2024年からは新規購入不可（2023年以前に購入した分は、そのまま期限満了まで非課税で保有できる）。

年間投資枠 2024年からの新しいNISAにおける年間の投資上限額。「つみたて投資枠」が120万円、「成長投資枠」が240万円。

非課税保有限度額(総枠) 2024年からの新しいNISAにおける生涯の投資上限額。「つみたて投資枠」が1800万円、「成長投資枠」が1200万円(内数)。両枠合わせて総額1800万円が上限。

非課税保有期間 NISAを利用して購入した金融商品を、非課税扱いで保有できる期間。2023年末までの従来のNISAでは有期限であったが、2024年からの新しいNISAでは無期限(一生涯)となった。

じぶん年金 自分で用意する、自分のためのプラスアルファの年金のこと。

配当金 企業が事業で得た利益の一部を株主に分配するお金のこと。

分配金 投資信託やETF、REITなどが、運用によって得た利益を投資家に分配するお金のこと。

配当利回り 現在の株価に対して、1株あたり年間どれくらいの配当金を得られるかを示した数値。1株あたりの年間配当金額÷株価×100で求める。

分配金利回り 投資信託やETF、REITにおいて、現在の価格に対して、1口あたり年間どれくらいの分配金を得られるかを示した数値。1口あたりの年間分配金額÷基準価額×100で求める。

じぶん配当利回り 購入時の価格に対して、1株あたりあるいは1口あたり年間どれくらいの配当金・分配金を得られるかを示した数値。1株あたりの年間配当金額÷購入時の株価×100、あるいは1口あたりの年間分配金額÷購入時の基準価額×100で求める。

増配・減配 配当金額が前年度を上回ることを「増配」と言う。逆に前年度を下回れば「減配」。

株主還元 企業が得た利益を、配当金や自社株買いなどの方法で株主に還元すること。今後、どのような方法で株主還元していく方針なのかを対外的に事前に示したものが「株主還元方針」。

高配当株 配当利回りが高い株式のこと。

増配株 過去数年間に増配を行ったことがある企業の株式のこと。1年のみでは増配株とは言わず、継続性が必要。

連続増配株 数年〜数十年、長年にわたり増配を行っている企業の株式のこと。

無配株 配当金を出していない企業の株式のこと。

成長株 業績がよく、株価上昇へのポテンシャルが高い企業の株式。配当をあまり出さず、代わりに事業への投資を優先する傾向がある。

投資信託 投資家から集めた資金を運用のプロが株式や債券などに分散投資し、その投資の果実（リターン）を投資家に分配する金融商品。

ETF Exchange Traded Funds の略で、定訳は「上場投資信託」。取引所に上場していて、株式と同様にリアルタイムで取引できる投資信託。本書では投資信託とは別種の金融商品として扱う。

東証ETF ETFのうち、東京証券取引所に上場しているもの。

米国ETF ETFのうち、米国の証券取引所に上場しているもの。

REIT Real Estate Investment Trust の略で、定訳は「不動産投資信託」。投資家から集めた資金を使って、運用のプロが不動産に投資し、その投資のリターンを投資家に分配する金融商品。

損益通算 同一年内の株式等の利益と損失を相殺すること。NISAでは利用できない。

繰越控除 損益通算で相殺し切れなかった損失を、翌3年間にわたって繰り越し、将来の利益と相殺できる制度。NISAでは利用できない。

含み益・含み損　金融商品を保有している際に、それらの現在の価格が購入時の価格（簿価(ぼか)）より上がっていればその差額を「含み益」、下がっていれば「含み損」と言う。

指　数　算出者が定めた市場やルールに基づいて、選出した銘柄の価格を集約した指標。国内の株価指数では「日経平均株価」や「TOPIX」、米国では「S&P500」や「ナスダック総合指数」、「NYダウ」が有名。

インデックス型　特定の指数に連動するように運用される金融商品のこと。

アクティブ型　運用担当者の裁量で、指数（市場平均）より高いリターンを得ようとする方針の金融商品のこと。

時価総額　株価×発行済株式数によって算出し、企業の規模を測るのに使う数値。

大型株・中型株・小型株　日本株では、TOPIX構成銘柄で時価総額と流動性が高い上位100位以内が「大型株」、101～500位が「中型株」、それ以外が「小型株」とされる。

PER　Price Earnings Ratio の略で、定訳は「株価収益率」。株価÷EPSによって求め、現在の株価が1株あたり利益の何倍にあたるかを示す。株価の水準（割高か割安か）を測るのに使う。

EPS　Earnings Per Share の略で、定訳は「1株あたり利益」。当期純利益÷発行済株式数で求め、企業が1株あたりどれくらいの純利益を生み出しているかを示す。企業の収益力の指標。

ROE　Return On Equity の略で、定訳は「自己資本利益率」。当期純利益÷自己資本×100で求め、企業が株主から集めた資金で、どれだけ効率的に利益を上げているかを示す。経営効率を示す指標。

出口戦略　投資によって築いた資産を最終的にどう使うか、どう現金化するか、あるいはどのように相続等するかの計画のこと。

CONTENTS

Part 1 新しいNISAはこれからの資産運用の定番だ！

Part 2 「つみたて投資枠」では世界の成長を取り込もう！

Part 3

「成長投資枠」では高配当株・増配株・ETFで「じぶん年金」をつくる!

CONTENTS

Part 4
終わりよければすべてよし！投資のキモは「出口戦略」

【本書に掲載されている情報について】

◉本書の内容は、文中に別途記載がある情報以外は発行時の法制度、市況、サービス内容、社会情勢、アクセス状況等に基づいて記載されています。本書発行後、これらが変更されたり変化したりする場合がございますのでご注意ください。

◉投資は自己責任です。本書は資産運用に役立つ情報を提供する目的で編纂されていますが、実際の意思決定はご自身の責任において行われますようお願いいたします。本書の内容を参考にして投資した結果、損害が発生した場合であっても、出版社、著者、その他関係者は一切の責任を負いません。

Part 1

新しいNISAは
これからの資産運用の
定番だ!

2024年1月1日から、従来からあったNISAが
生まれ変わり、投資限度額や非課税期間などが
大きく拡充されることになりました。
これにより、NISAは
とってもお得にチェンジしています!
Part 1では、知らないと損をする
新しいNISAの特徴を紹介します。

無期限で1人1800万円まで非課税で投資できる!

で、新しいNISAは
どこがそんなに
お得なの?
普通、株式や投資信託で
利益が出たら、その利益には
約20%の税金がかかる
20.315%

税率20.315% → 税率0%
それは
大きいね
ところが、
NISAでの
投資なら
この約20%の
税金は
かからない!
ヌタ ダ!

しかも、1人あたり
1800万円までNISAで
投資できる!
夫婦2人なら
3600万円!
FIRE
バババ―ン!

それだけ非課税で投資
できるなら、ボクなんかは
全部非課税で
いけそう
そういう
人も
多いと
思う
よ

ただし、
1年のうちに
投資できるのは
つみたて投資枠
120万円
成長投資枠
240万円
までだよ
併用
OK

しかも！
従来のNISAには
設定されていた
非課税期間の
期限がないから、
とても便利で
使いやすくなった！
へえ〜

いくつか弱点もあるけど、
長期的な投資をするには
理想的な制度だよ
長期のほうが
初心者には
安心だしね
投資対象に
制限あり
損益通算
不可
繰越控除
不可
18歳
以上
詳しくは
次ページ
から！

01 NISAって、そもそもどんなものですか？

NISAは国全体での投資促進のために、個人の投資リターンに対して通常かかる税金を非課税にできる制度。
預貯金に比べればリスクはありますが、非常にお得に投資できます！

○ NISA ＝（少額）投資非課税制度

そもそも、NISAとはどんな制度なのでしょうか？

投資非課税制度は多くの先進国にあり、日本のNISAは、とくにイギリスのISAを参考にしてつくられたと言われています。

ISAは Individual Savings Account の略で、直訳すれば「個人の貯蓄のための口座」です。

その日本版となるので、Nipponを頭に加えて **Nippon Individual Savings Account**、イコール「**NISA**」というわけです。

NISAは従来、日本語では「**少額投資非課税制度**」と呼ばれてきました。しかし、後述しますが2024年からの制度変更で利用限度額が1800万円とかなり大きくなったため、もはや「少額」とは言えません。今後は、「**投資非課税制度**」などと呼ばれるようになるのではないでしょうか。

名前の由来

N **Nippon**（日本版）
I **Individual**（個人向け）
S **Savings**（投資 ~~貯蓄~~）
A **Account**（口座）

Savingsを「貯蓄」ではなく、「投資」と言い換えて和訳しているところがミソです。

というのも、NISAは「資産運用や財産形成と言えば預貯金命！」という考えからなかなか脱け出せない日本国民に向けて、「**預貯金以外の金融商品にも積極的に投資して、お金を増やしましょう！**」と呼びかけることを狙いの1つとして、つくられた制度だと思われるからです。

○ どうして、国はそんなに投資をさせたがっているの？

「投資」とは、なんらかの投資対象に資金を投じて資産運用をすること。

実は、多くの人が投資だとは思っていない「預貯金」も、銀行にお金を貸して、銀行がそのお金を企業などに融資し、その融資が返済される際の利息の一部を「リターン」として預貯金者が受け取る投資の一種です。

ただ、預貯金は国民経済のなかで大事な役割を担っているために「元本保証」されています。つまり、銀行に預けた金額が勝手に減ってしまうことはありません（1銀行あたり元本1000万円とその利息まで）。

一方で、**預貯金以外のほとんどの投資対象には、元本保証がありません。**運用の状況次第で、最初に投資した金額を大きく上回る金額を手にできることもあるけれど、逆に下回ってしまうこともある、ということです。

日本人はその堅実な国民性のせいか、元本保証がない投資対象を嫌う傾向が強いと言われています。そのため、「資産運用で許されるのは定期の預貯金だけ！」「株式を買うなんてもってのほか！」という人の割合が、長らく多数を占めてきました。

しかし国全体の大きな視点で見れば、たとえば**株式への投資は、その国の経済を活性化させるには不可欠なもの**です。

株価が上がれば企業価値が上がります。企業価値が上がれば、事業がしやすくなり、社員の給与や賞与が上がります。そして経済が活性化されます。また、新規上場企業に豊富な資金が提供されることで、企業は新しい商品やサービスを開発でき、業績が成長します。こちらも経済にプラスです。こうして、国民の生活は豊かになります。

逆に国民の多くが株式への投資を避けるような状況では、経済の活力が低下し、国民もだんだん貧しくなってしまうでしょう。

そうした事態を避けるためには、ある程度は株式市場への国民の投資が必要なため、**国は経済活動の活性化のために、国民の預貯金以外への投資をうながしている**のでしょう。そして、その恩恵は国民へと波及します。

国が投資を勧める理由❶

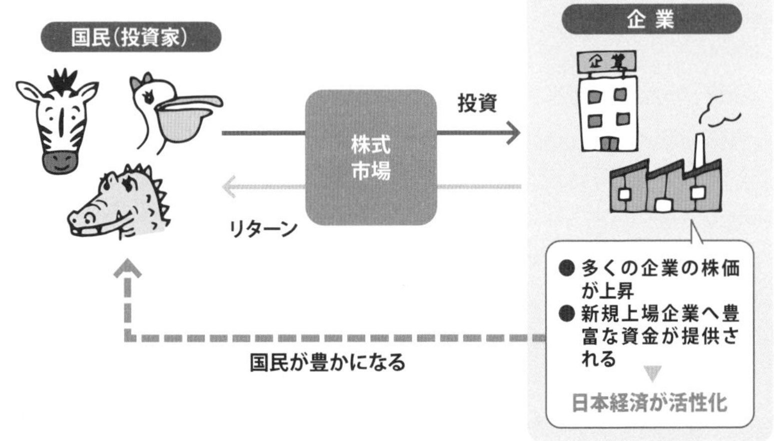

加えて、**日本社会の急激な少子高齢化に伴う年金不安**も、国が預貯金以外への投資を勧める大きな理由の1つになっているようです。

現在、日本はすでに国民のおよそ3分の1が65歳以上という「超・高齢社会」になっています。少子化も急激に進んでおり、新たに生まれる子どもの数は2022年には80万人を切りました。

このような状況下で、現役世代が高齢者を支える仕組みになっている現在の年金制度が本当に持続可能なのか、疑問視する声が大きくなってきました。

不安に応えるためのさまざまな制度改正が行われ、国は当面は年金制度は持続可能であるとしています。しかし、それは必ずしも、「老後の生活に十分な金額が年金で支給されますから、安心してください」という意味ではありません。

ある程度は年金も出ますが、**年金だけでは老後の生活費に足りない部分**

は、国民各自が自分でなんとかすることを前提にして、持続可能だと言っているにすぎないのです。

2019年に行われた金融庁の審議会では、今後、老後の30年間に年金だけでは不足する生活費を、1世帯（夫婦）あたりおよそ2000万円と見積もる報告がされ、「**2000万円問題**」として社会問題にもなりました。

そして、そうした不足する老後資金への対策を長期的に進めるには、元本保証があるためにリターンも少ない預貯金では全然足りないのです。

国としては、多少のリスクはあっても、より効率的に資産を増やせる預貯金以外への投資を優遇することで、将来、老後の生活費の不足で困ってしまう国民を減らしたいときっと考えています。そのためのツールの1つとして、NISAをフル活用してほしいと考えているのでしょう。

2024年からの拡充後のNISAの利用限度額が、かなり大きな「1人あたり1800万円」と設定されたことも、上述の「2000万円問題」の金額に近づけることが強く意識された結果だと、私は考えています。

国が投資を勧める理由❷

もう年金だけでは無理です
めちゃくちゃお得なNISAを用意したので、あとは自助努力でよろしく！
あとiDeCoとか
政府の人
きっと、国はこう思っているんだろうね……

※政府の本音のイメージです。実際にこのように発言したわけではありません。

NISA最大のメリットは「利益に課税されないこと」

このような狙いがあり、預貯金以外への投資を勧める制度としてNISAがつくられたと思われます。

しかし、預貯金命! の国民をそれ以外への投資に積極的にさせるには、何かインパクトのある「アメ(飴)」が必要です。

そこで、NISAに設定されたシンプルにして最大のメリットが「**非課税**」です。**NISAを使った投資で利益が出たときには、通常、その利益にかかるはずの税金がタダになる**のです!

これは、資産運用の世界においては桁外れに大きなメリットと言っていいでしょう。

金融商品への投資で得た利益を「金融所得」と言い、通常、そこには**所得税15%+住民税5%+復興特別所得税0.315%(2037年まで)=合計20.315%が課税されています。**

金融所得への通常の課税

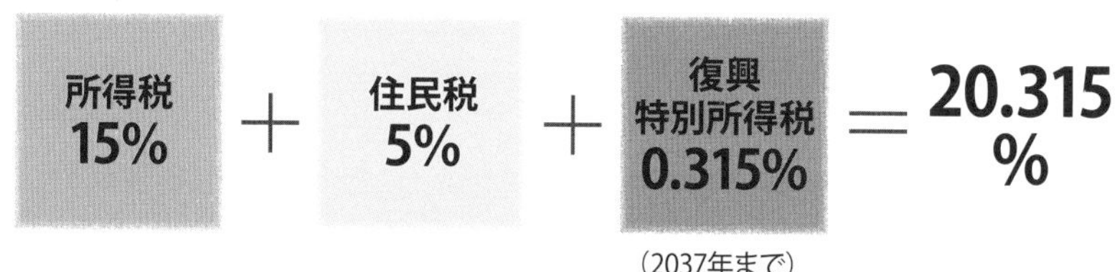

Ex 利益10万円×税率20.315%=税額2万315円
10万円−税額2万315円=手取り7万9685円

リスクを取って投資をして、たとえば10万円の利益を得たとしても、普通はその10万円がそのまま手に入るわけではないのです。そこから税金として2万315円が引かれ、手取り額として受け取れるのは残りの7万9685円というのが通常の投資です。

この税金は配当金や利子などにも同様にかかってきますから、定期預金のわずかな利子にも、同じように20.315%の税金が発生しています。

また、利益の額が大きくなれば、かかる税金の額も大きくなります。利益1000万円ならば、203万1500円もが税金として取られるわけで、法律で決まっていることとはいえ、投資をする人にとって、この税金はまさ

に「目の上のたんこぶ」のような存在です。

ところが、その金融所得への課税が、NISAの利用時にはまるごとタダになるのです！

たとえば株式の売買で10万円の利益を得たとしたら、そのまま10万円を手取りで受け取れます。株式からの配当金や、投資信託の分配金についても、1万円支払われたなら1万円がそのまま入金されます。

すべての投資家が夢見る「非課税での投資」が、簡単に実現できるのがNISAというわけです。

「投資で得たお金に約20%も課税されるのは痛いですよね。でも、NISAを利用してつくった資金には課税しませんから、安心して投資して、お金を増やして老後に備えてくださいね（年金ばっかりあてにしないでね！）」という、国からのメッセージだと受け取ればいいでしょう。

NISA利用時の金融所得への課税

NISAならこれが
全部タダです！
100万円儲けても、
1000万円儲けても
税金が0円！
神NISA
FIRE

Ex 利益10万円－税額0円＝手取り10万円

ポイント

非課税を「アメ」に、預貯金ばかりする日本国民のお金を投資（企業）にも回し、日本経済を活性化させる。同時に、老後資金の足しにしてもらうための制度です。

02 新しいNISAはどこがよりお得になった?

従来のNISAの弱点をおおよそ修正し、**非課税保有限度額(総枠)の大幅拡充**、**非課税期間の無期限化**、**投資スタイルの自由化**、**非課税枠の再利用**などを実現しています。

NISAは以前から何度も変わってきた

ご存じの方も多いと思いますが、NISAはかなり前から存在しています。最初に設置されたのは2014年1月（「**一般NISA**」開始）で、それ以降、2016年に「**ジュニアNISA**」の新設と「一般NISA」非課税投資枠の増額、2018年に「**つみたてNISA**」の新設と、少しずつ制度が拡充されてきました。

そして、直近の変更となる2024年1月からの制度改定では、これまでの制度改定とは一線を画した大幅な拡充が行われました。あまりのパワーアップぶりに、ネットや動画界隈では「**神改正**」などと呼ばれることもあるほど大きな変更です。

ここでは新しいNISAのどこがお得なのかを前項より詳しく解説していきますが、それとともに、従来のNISAとの違いについても簡単に紹介していきましょう。

NISAの歴史

2014年	NISA（一般NISA）の開始　**[年100万円×5年]**
2016年	「ジュニアNISA」開始　**[年80万円×5年・子ども17歳まで]** 「一般NISA」拡充　**[年120万円×5年に]**
2018年	「つみたてNISA」開始　**[年40万円×20年]**
2024年	「ジュニアNISA」廃止 「一般NISA」と「つみたてNISA」を合体の上、大拡充！

従来は非課税期間が有期限。正直、使いづらかった……

さて、NISAの最大のメリットは、先にも述べたように金融所得に関する約20%の税金がタダになることです。

この点は2023年末までの従来のNISAも同じだったのですが、**従来のNISAの一番の弱点は、この非課税の期間が限定されていたこと**です。「一般NISA」では購入から5年、「つみたてNISA」では20年までしか非課税の取り扱いが認められず、その期間を過ぎると、それ以降は譲渡益（金融商品を安く買って、高く売ることで得る利益）や配当金・分配金などにかかる税金が、通常どおりの20.315%に戻ってしまっていたのです。「一般NISA」に関しては、5年経過した株式や投資信託について、利益確定を保留してNISA口座での保有を続けたいとき、再度、その年のNISA利用枠を使って5年間保有を延長できる**「ロールオーバー」**という制度もありました。しかしこれも、保有期間を延長できるだけですから、非課税期間に期限があることには変わりありませんでした。

加えて**非課税期間が終了したときには、保有株式などについてはいったん強制的に損益が確定される**ルールになっていました。保有自体は続けられるのですが、非課税期間終了の時点で、損をしているのか得をしているのか、一度、白黒つけなければならなかったのです。

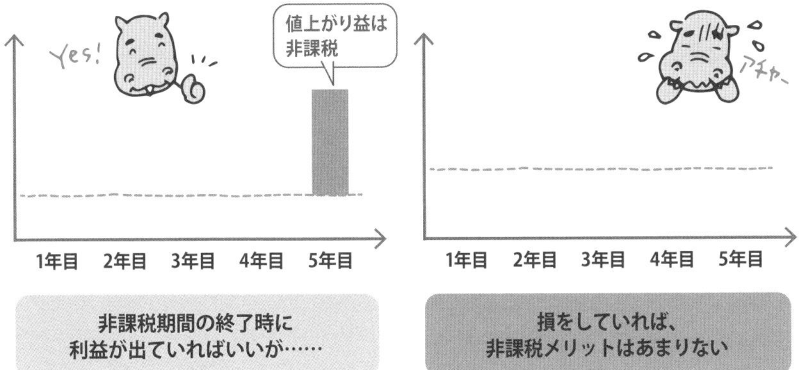

※2023年末までの「一般NISA」の場合

このように非課税期間に期限がある従来のNISAで、譲渡益への非課税の恩恵を受けようとすれば、非課税期間のうちに売る取引をして利益を確定しなくてはなりません。

しかし、NISAで株式や投資信託などを購入したあとに、日本や米国などの経済全体が不況に陥ったり、特定企業の業績が悪化したりすれば、「一般NISA」の非課税期間の5年のあいだ、ずっと含み損（損をしている状態）のまま、ということは普通にありえます。

そうなると、せっかくの非課税のメリットを十分に享受できません。メリットは保有期間の配当金や分配金の非課税部分だけになってしまいます。

しかも、**NISAではない通常の口座で売却損が出たときには、その損失を利益と相殺させて税金を減らす「損益通算」という節税策が取れるのですが、NISAの場合にはそれができないルールになっています。**そのため、節税で実質的な損失を減らすこともできません48・49ページ参照。

「つみたてNISA」の場合なら、非課税期間が20年と長いので、「一般NISA」よりは金融危機のリスクを回避できました。それでも、20年が経過していよいよ老後資金として「つみたてNISA」の資金を活かしていこう、というときに金融危機が起こり、相場全体が絶不調になっていないとも限りません。そのような状況では、せっかくの非課税メリットをフルに活用できないでしょう。

つまり5年だろうが20年だろうが、非課税期間に期限があって、保有株式などの損益をその段階で確定しなければならない時期があらかじめ決められていること自体が、利用者にとっての大きなリスクだったのです。

それが、**2024年からの新しいNISAでは、非課税期間が無期限とされました！**　今回の新しいNISAへの変更において、もっとも大きな衝撃を持って投資家に受け止められたのがこのポイントです。非課税期間の制限がなくなり、NISA口座でつくった資金は恒久的に非課税で保有でき、同時に、非課税期間終了時の強制的な損益確定がなくなったのです。たとえ含み損の銘柄を損切りせざるをえないとしても、それは自分の判断で、自分の選んだタイミングで実行できるようになりました。

この変更は、今回の制度改正における朗報中の朗報と言えます。

2024年からは無期限に

時間経過
（年）

- 期限がないので何年でも保有でき、その間の配当金や分配金も非課税
- 自分のタイミングで売却できる

○ 自由に投資できる枠と積み立て投資の枠が併用可能に

新しいNISAで大きく便利になった点のもう1つは、**投資先を自由に選んで投資できる枠と、投資信託に積み立て投資ができる枠を併用できるようになったこと**です。

従来のNISAでは、このうちのどちらかしか利用することができませんでした。また一度どちらかを選択すると、同じ年内には切り替えることができず、翌年からの切り替えにも手続きが必要でした。

自分で投資先を自由に選べる枠は、従来のNISAでは「一般NISA」と呼ばれていましたが、「成長投資枠」へと名称変更。

同じく、**投資信託に積み立て投資できる枠は、従来の「つみたてNISA」から「つみたて投資枠」へと名称変更されました。**

新しいNISAでは、この「成長投資枠」と「つみたて投資枠」が併用できるようになります。

「成長投資枠」では投資先を自分で自由に選べるので、個別株、ETF［上場投資信託］、および投資信託などに投資が可能です51ページ参照。

逆に「つみたて投資枠」では、投資対象があらかじめ厳選された「長期の積み立て・分散投資に適した一定の投資信託」に限定されています52ページ参照。

新しいNISAの非課税枠のイメージ

	つみたて投資枠	成長投資枠
	併用可	
年間投資枠 ※年間の投資上限額	**120万円まで**	**240万円まで**
非課税保有限度額（総枠） ※生涯の投資上限額	**1800万円まで** 「つみたて投資枠」だけで1800万円使い切ることも可	**1200万円まで（内数）** 「つみたて投資枠」を使わず、「成長投資枠」だけで1200万円使い切ることも可
非課税保有期間	**無期限**	**無期限**

○ 非課税で投資できる金額が一気に拡大！

2024年からの新しいNISAでは、**投資できる金額の上限も従来のNISAから一気に拡大されています。**

2023年末までの従来のNISAでは、「一般NISA」で120万円まで、「つみたてNISA」では40万円までが年間投資枠の上限とされていました。

「一般NISA」では120万円×5年間で最大600万円、「つみたてNISA」では40万円×20年間で最大800万円のいずれかしか、利用できなかったのです（併用は不可）。

これが、**新しいNISAでは「成長投資枠」が240万円、「つみたて投資枠」が120万円にまで年間投資枠が拡大されています。**これだけでも「成長投資枠」は「一般NISA」から2倍に、「つみたて投資枠」は「つみたてNISA」から3倍になっていますから、思い切った拡充と言えるでしょう。

さらに、新しいNISAでは「成長投資枠」と「つみたて投資枠」の併用が可能です。**両方をフルで利用すれば、合計で年間360万円まで非課税で投資できる**のです。

年間360万円の投資と言えば、仮に年収1000万円あったとしてもその3分の1を超えるわけで、ほとんどの人にとっては使い切れないほどの上限額です。

新しいNISAでは「非課税保有限度額」という非課税投資の総枠（＝生涯の投資上限額）も設けられ、最大で1800万円までとされています。

このうち**「成長投資枠」として利用できるのは最大1200万円まで**です。つまり「つみたて投資枠」には600万円の純投資枠（つみたて投資枠にしか利用できない枠）が割りあてられています。

また、**総枠の1800万円全部を「つみたて投資枠」として運用することも可能**になっています。

「つみたて投資枠」は、必ず毎月定額（同じ金額）を投資する必要はなく、たとえばボーナス月だけ増額することも可能です。

つまり、「成長投資枠」だけで
非課税保有限度額（総枠）を
すべて使い切ることはできない
ようになっています

○ 非課税保有限度額（総枠）の再利用が可能に

非課税保有限度額（総枠）については、**新しいNISAでは売却後の枠の「再利用（復活）」ができるようになる**ことも大きなメリットの1つでしょう。

非課税保有限度額（総枠）は「**簿価**」、つまり「買ったときの価格」で管理されます。

たとえばA社の株式を保有しているあいだに、その株式の価値が100万円から120万円に上がったとしても、年間投資枠（＝年間の投資上限額）や非課税保有限度額（総枠）（＝生涯の投資上限額）には影響ありません。あくまでも、買ったときの価格＝簿価で管理されます。

たとえば、「成長投資枠」で年240万円分の株式を購入したとします。非課税保有限度額（総枠）は1800万円−240万円で残り1560万円となります。

さて、この株式が300万円に値上がりしたので、その年のうちに売却して60万円の利益を確定したとします。当然、NISAですから譲渡益への約20%の課税はありません。

それはそれとして、このとき年間投資枠（＝年間の投資上限額）や、非課税保有限度額（総枠）（＝生涯の投資上限額）はどうなるのでしょうか？

年間投資枠の240万円は、残念ながら売却によって当年に復活することはなく、翌年にその分が上乗せ（増額）されることもありません。

しかし、**非課税保有限度額（総枠）はその年のうちは残り1560万円に減ったままですが、翌年になれば、元の残り1800万円へと復活します。**

こうした「枠の復活」があることで、投資家は保有している株式などが一時的に大きく値上がりしたタイミングがあれば、気兼ねなく売却して利益を確定することが可能になります。

細かいところまでよく考えられていて、実に投資家フレンドリーな制度だと言えます。

非課税保有限度額（総枠）の再利用／復活のイメージ

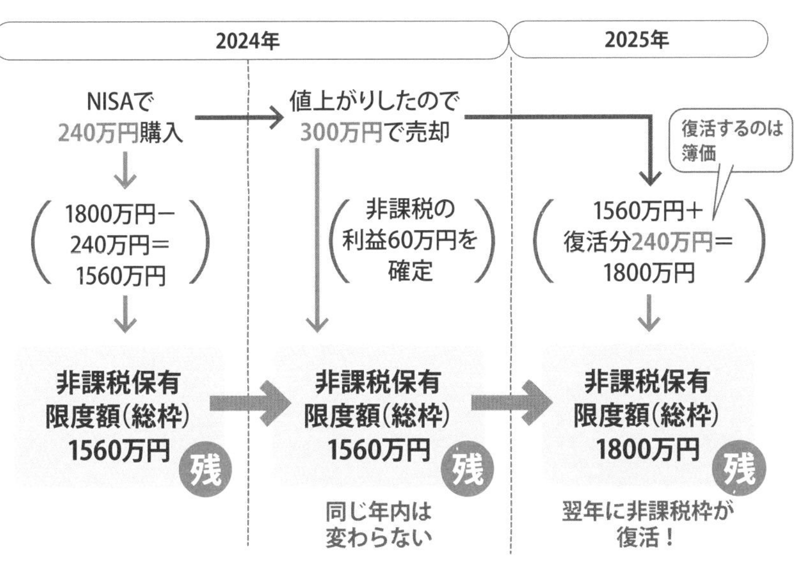

年間投資枠（360万円）のほうは、売却しても当年に復活することはなく、翌年に上乗せ（増額）されることもありません

ポイント

非課税保有限度額（総枠）の拡大、非課税期間の無期限化、2つの投資枠の併用可能化、売却時の非課税枠復活など、桁違いのお得さに生まれ変わっています。

03 NISAで「じぶん年金」をつくる年代別モデルケース

新しいNISAの多様なメリットをどのように活用するかは自分次第。
年代別にNISA活用のモデルケースをいくつか紹介しますから、自分のイメージに近いものを参考に、あなたなりのNISA活用法を模索してください。

20代～60代までの各年代の人たちが、新しいNISAをどのように活用すれば「**じぶん年金**」をつくれるのか、モデルケースで見ていきます。

老後の生活費について公的年金では足りないとされる金額は、およそ2000万円です。月額では約5万円が不足します。**NISAを使った資産運用を通じて毎月5万円の手取り収入を生むことができれば、それが「自分で用意する、自分のための年金」＝「じぶん年金」となってくれる**でしょう。

なお、ここでは月5万円を例に解説しますが、必要な額は人それぞれです。あなたに合わせた金額に入れ替えて解釈してください。

① 20代前半でスタートするAさんの場合

さっそく見ていきましょう。まずは20代前半の若いうちからNISAを活用していくAさんのケースです。

大学を卒業し新社会人となった22歳から、新しいNISAを活用して投資していきます。とはいえ年齢が若い分、給与額もまだ低く、初期には投資に回せる金額はさほど多くありません。

しかし、心配無用です。**長期投資は時間を長く取れれば取れるほど、「複利」の効果が効いて勝率が上がっていきます。**22歳の新卒時点から長期的かつ継続的な投資をしていけるのであれば、毎月の投資額がさほど大きくなくても、十分に大きな資産形成を狙っていけるでしょう。

Aさんは**新しいNISAの「つみたて投資枠」を最大限に活用して、62歳になるまで毎月3万7500円を投資信託**銘柄紹介はPart2-3**で積み立てていく**ことにしました。

3万7500円×12か月×40年＝1800万円なので、40年間一定額を単純に積み上げていくだけで、非課税保有限度額（総枠）（＝生涯の投資上限額）1800万円を使い切ります。**「成長投資枠」は利用せず、すべて「つみたて投資枠」に割りあてる作戦**です。また、投資先には分配金をファンド内で再投資するタイプの投資信託を選択します81ページ参照。

積み立てている資産を年率5％で複利運用できたと仮定した場合、**62歳でNISAの非課税枠を使い切ったときの資産額は、簿価（購入時の価格）では1800万円ですが、評価額では5722万円にもなっています。**

Aさんの「つみたて投資枠」の推移

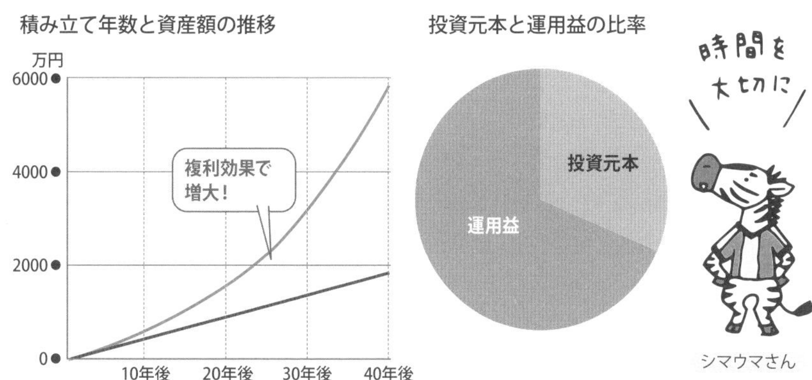

上の線グラフを見ていただくとわかるように、積み立て開始後にある程度時間が経つと、運用益の伸びがググッと大きくなっていきます。元金に分配金が組み込まれ、そこにさらに分配金がつく「**複利**」のパワーが大きく働いているのがわかるでしょう。

投資、**とくに長期の投資においては、複利で運用される金融商品を選ぶことがとても重要**であることをよく理解できるケースです。 このケースでは元本1800万円に対して最終評価額が5722万円ですから、3倍以上に資産を成長させることに成功しています。

●どこかの時点で資産成長から「じぶん年金」の確保にシフトチェンジ

ただし、この時点では「つみたて投資枠」で育てた資産は、分配金を再投資するタイプの投資信託です。そのままでは「じぶん年金」として毎月の生活費に利用できません。

少しずつ売却していけば非課税で現金化することはできますが、それは少し面倒ですし、タイミングによっては不景気で価格が暴落しているときに取り崩すことになるかもしれず、心理的な抵抗が生じます。

たとえば、暴落とまでは言えずとも、1か月で5%の下落があったとしましょう（これくらいの価格下落はたまにあります）。5722万円の5%は約286万円です。1か月で286万円が消えた状況下で、さらに1か月分の生活費を平常心で取り崩すことは、ほとんどの人にとって困難です。

そこでAさんは、**62歳になった時点で、「つみたて投資枠」で運用していた投資信託を順次売却し、高配当銘柄（日本株、もしくは東証ETF［上場投資信託］）にシフトさせていく**計画を立てました。それらの銘柄が生む配当金や分配金を、老後の「じぶん年金」として利用するつもりです。

定年などのタイミングでシフトさせる

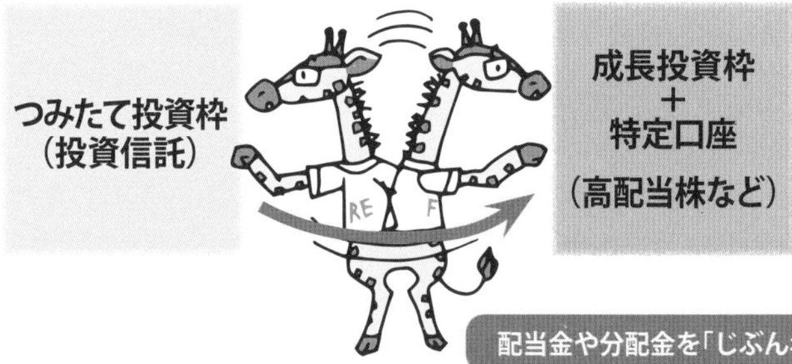

「つみたて投資枠」の投資信託（評価額5722万円）を数年間かけて売却し、非課税で利益確定させていきます。そして、「成長投資枠」や「特定口座」57ページ参照で個別株やETFにシフトさせます。

投資先は、高配当で業績が安定している優良大型株に分散させるか、東証ETFの日本または米国の高配当株に投資するタイプを選び、平均で配当利回り4%の実現を目指します（正確には、ETFの利回りについては「配当利回り」ではなく「分配金利回り」と言います。しかし、くどくなりますので以下混在している場合には、単に「配当利回り」と表記します)。
「つみたて投資枠」の投資信託を売却後、「成長投資枠」で1200万円(=成長投資枠の生涯の投資上限額)投資し、配当利回り4%を実現できれば、毎年48万円の配当金や分配金が非課税で得られます。

さらに、残りの4522万円(5722万円−1200万円)は、NISAではない通常の「特定口座」で投資し、同じく配当利回り4%を実現できれば、毎年180万円の配当金や分配金が得られます。

ただし、特定口座の配当金や分配金には20.315%の税金がかかってしまいますので、税引き後では年間144万円となります。

結果、**合計で年間(48万円+144万円=)192万円、月額16万円の「じぶん年金」が得られる**という計画です。老後2000万円問題の不足額は月5万円ですから、老後を不安なく過ごすには十分すぎる金額でしょう。

●住宅ローンの返済などもあるのでは?

もし、Aさんが62歳の時点で住宅ローンの残債などがあったとしたら、**育てた資産の一部を使ってローンを繰り上げ返済してもいい**でしょう。一般的には、給与の伸びなどがもう期待できない年齢だからです。

仮に2000万円の残債があったとして、5722万円の一部を使って返済を済ませます。残りの3722万円を、NISAの「成長投資枠」と特定口座に振り分けて配当利回り4%の個別株に分散投資(もしくは東証ETFに投資)した場合でも、**月額10万円程度の配当金**を得ることができます。

月々の手取り額は多少減少しますが、これでもあるのとないのとでは大違いです。

●一時的に積み立てができなくなったらどうする?

Aさんの場合、40年間ずっと一定額を積み立てることができたという想定でシミュレーションをしましたが、現実にはこんなに順調にいく人ばかりではないでしょう。転職などで一時的に無職になり、何か月間か収入が途絶えるようなことも十分に考えられます。

そんな場合でも、**一時的に金額を下げてもいいので、積み立て自体はな**

んとか続けてほしいと思います。たとえ月額5000円でも、継続する意思が大切です。

投資期間を長く取れる場合、積み立てができなかったり、積み立てる金額が少なかったりする期間が多少あっても、全体から見ればその影響はごく小さなものになります。老後の「じぶん年金」にもさほど大きな影響はないはずです。

② 8年間でサクッと「じぶん年金」を確保する Bさんの場合

続いて、短期間の集中投資で効率的に「じぶん年金」をつくり出そうとしているBさんのケースです。

Bさんは結婚して子どもが生まれるまでに、ある程度の資産をつくっておきたいと考えていました。そこで、新しいNISAの「つみたて投資枠」を利用して、新社会人となった22歳から30歳になるまでのあいだ、多少の無理をしてでも毎月5万円を投資信託に定期的に投資していくことにしました。つまり**8年間の集中的な積み立て投資**です。30歳くらいには結婚して、1人目の出産があると想定しています。

積み立て中に年率5％で複利運用できたと仮定すると、**30歳の時点で588万円の資産形成ができます。**

Bさんは子ども好きで、3人くらいはほしいと思っているので、出産後は当分、投資にお金を回すことは難しいでしょう。**集中的な積み立てでつくった588万円を、多少生活が苦しいときがあっても我慢して取り崩さず、そのまま60歳になるまで年率5％で複利運用し続けます。**

その結果、NISA口座で588万円をほったらかしにしているだけなのですが、**30年後にはその588万円が2627万円にまで成長します！** 複利の力は、本当に偉大ですね。アインシュタインも「複利は人類最大の発明だ」という言葉を残しています。

それはそれとして、先ほどのAさんのように、Bさんが2627万円を60歳時点でNISAの「成長投資枠」や、非課税ではない特定口座に移して高配当の日本株（東証ETFでも可）に分散投資し、配当利回り4％で配当金

588万円をほったらかし投資すると……

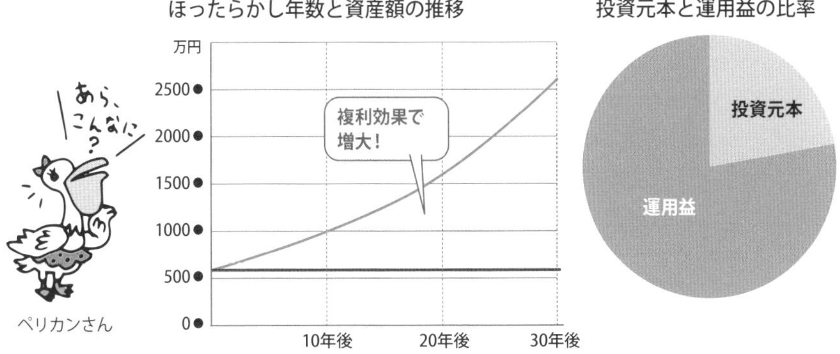

や分配金を得ることができれば、それで合計、年93.5万円、**月額約7.8万円の配当金や分配金を「じぶん年金」として確保できます。**

8年間の集中投資だけでも、そのあとに複利効果が顕著になる長期間の運用と、余計な税金がかからないNISAの強みを組み合わせれば、老後資金の不足に十分対応できるわけです。

将来的に結婚して子どもを持ちたいと考えている人には、このようなプランも参考になるのではないでしょうか。

●NISAの利用は18歳から

ちなみに①と②のケースでは投資のスタートを22歳に設定しましたが、**新しいNISAはルール上は18歳から利用できます。**そのため、実際には高校卒業くらいのタイミングで、もっと早くから投資を始めることも可能です。

この子は？
ゴメンね
NISAの
利用は
18歳から
※2024年以降

③ 30歳から月2万円を積み立てるCさんの場合

もう1つ、毎月の積み立て投資に回せる資金をそれほど多くは用意できないケースを見てみましょう。

Cさんは契約社員をしている30歳女性です。収入面から考えると、**毎月投資に回すことができるのは2万円が限界**です。それでも、やらないよりはいいと思い、新しいNISAを活用して65歳まで積み立て投資を実施することとします。

「つみたて投資枠」を利用し、投資先にはここまでの例と同じく分配金をファンド内で再投資するタイプの投資信託を選びます。この場合、老後生活に入る前にどれくらいの金額を用意できるでしょうか？

投資元本は2万円×12か月×35年＝840万円なので、65歳時点で840万円です。しかし、積み立て投資のあいだずっと年率5%で複利運用できたと仮定すれば、65歳時点での評価額は2272万円にまで成長しています。投資元本に対するリターンは約2.7倍です。

Cさんの「つみたて投資枠」の推移

積み立て年数と資産額の推移

万円
2000
1500
1000
500
0
5年後 15年後 25年後 35年後
複利効果で増大！

投資元本と運用益の比率

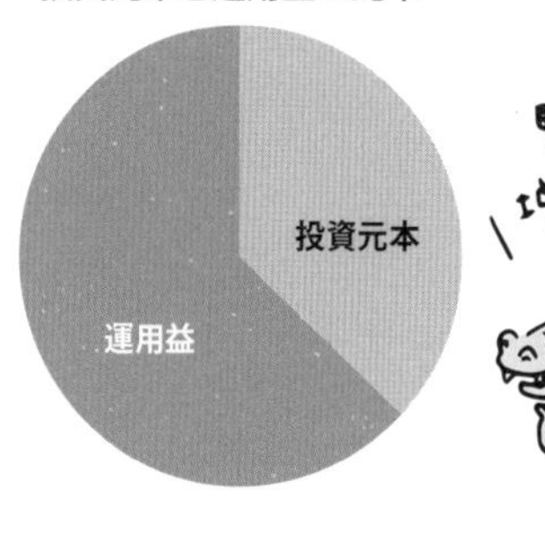

ワニ子さん

65歳以降、「成長投資枠」の上限1200万円分を配当利回り4%の株式や東証ETFに分散投資できれば、年間48万円の配当金や分配金が非課税で得られます。

残り1072万円も、特定口座で配当利回り4%の株式や東証ETFに投資し、税引き後で年間34万円程度の配当金や分配金が得られるとすれば、**合計年82万円、月額6.8万円の「じぶん年金」となります。**

月額2万円の少額投資であっても、35年間という長期間続ければ、複利効果を味方につけて「老後2000万円問題」をクリアできることがわかります。Cさんのように契約社員など不安定な状態にあったとしても、できる範囲でNISAを上手に使いつつ長期投資していけば、十分に老後不安を解消できるでしょう。

また今後、正社員として働き始めたり副業を始めたりして収入が増え、投資の世界で言う「入金力（投資できる金額）」がアップすれば、毎月の投資額を増やすことで将来のリターンをより大きくすることも可能です。

④ 45歳スタートのDさんの場合

次は、40歳代から新しいNISAを活用していくモデルケースです。

これまで資産形成についてはほとんど考えてこなかったDさんは、気がつけば40代半ば。体力や健康状態に不安を感じることが多くなり、老後のお金についても気になり始めました。

手始めに1か月間のお金の出入りをチェックしたところ、月に5万円なら投資に回せそうだとわかりました。

株式投資に興味を引かれたこともあり、**この5万円を新しいNISAの「成長投資枠」を活用して、45歳から65歳までの20年間、個別株およびETFに投資する**ことにしました。基本的な方針としては、配当利回りを重視し、一時的な値下がりがあっても、平均して年率6%で複利運用が可能になるよう投資していきます（配当金は再投資）。

なお、5万円では単元（通常は100株）で買える株は限られますから、単元未満の1株から購入できる**単元未満株（以下、ミニ株）**の制度を利用します。ミニ株でも、もちろんNISAを使えます。

Dさんは株式投資について勉強しながら、日本株のうち「大型株の高配当株」、あるいは「東証ETF」や、株価上昇と増配の両方を狙える「米国増配株」や「米国高配当株式ETF」、「米国増配株式ETF」などに分散投資を心がけました銘柄紹介はPart3。また積み立て投資の期間中に得られた配当金や分配金はすべて再投資に回すこととしました。

このようにしていくと、65歳になった時点でDさんが投資した元本は5万円×12か月×20年＝1200万円で累計1200万円。ちょうど「成長投資枠」を使い切る計算です。

この元本に対して、**年率6%でずっと複利運用できていたと仮定すると、資産の評価額は2310万円**になっています。おおよそ1.9倍です。

仮に運用成績が悪く、パフォーマンスが半分の年率3%の複利運用だったとしても1641万円になります。

Dさんの「成長投資枠」の推移

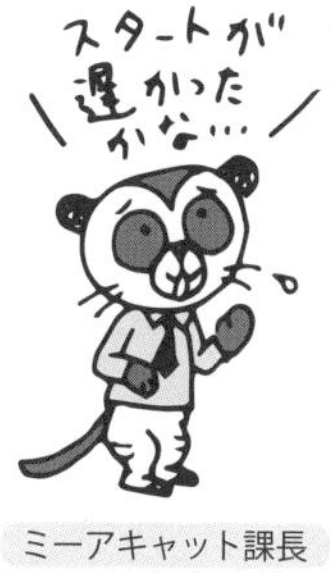

投資年数と資産額の推移

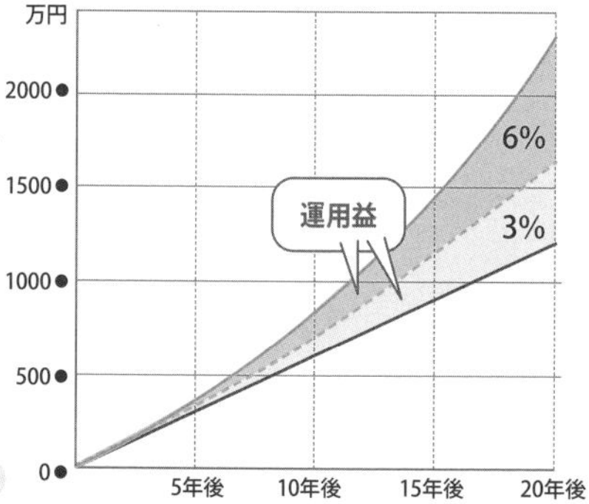

スタートが遅かったかな…
ミーアキャット課長
投資元本と運用益の比率

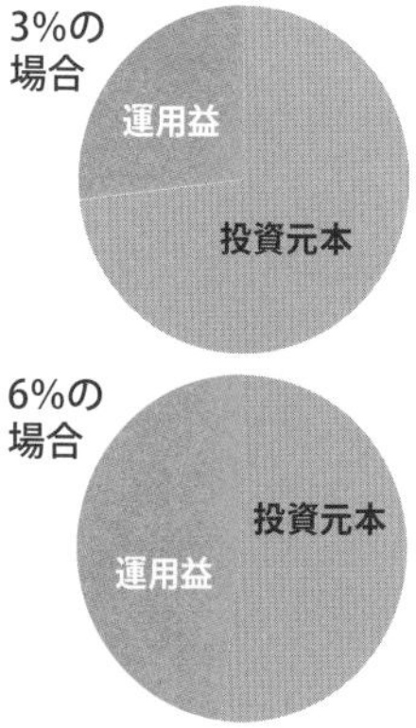

投資先は投資信託ではなく個別株やETFですから、この場合、とくに資産の移動などをしなくてもそのまま非課税で配当金や分配金を得られます。

また20年のあいだに投資先が成長を通じて**増配**（配当金の増額）をしていれば、当初は配当利回り3～4%で購入した銘柄の実質的な配当利回りが、ずっと高くなっている、という状況はよくあります。そして、株価が上がっても配当金も増えているため、配当利回りは下がりません。

65歳の時点で保有銘柄が平均4%の配当利回りとすれば、運用成績が悪い場合の想定でも1641万円×4%=約65.6万円なので、**年間およそ65.6万円、月額約5.5万円の配当金が比較的安定して得られる**計算となります。

年率6%の複利運用ができていた場合には、評価額は2310万円なので配当金は年間92.4万円、月額月7.7万円となります。

45歳からの投資スタートでも、「老後2000万円問題」で足りないとされる月5万円の赤字を、NISAを活用した投資でカバーできる可能性が高いことをわかっていただけたでしょうか？

新しいNISAの非課税期間は無期限なので、利益確定（売却）の必要はなく、長期投資するなかで企業業績が上がって増配となり、保有銘柄の実質的な配当利回りがさらに上がっていく可能性もあります。

●じぶん配当利回り

上記のモデルケースで、投資先企業の成長による増配によって実質的な配当利回りが増えていく場合があると紹介しました。私は、このように上がっていく自分にとっての実質的配当利回りのことを**「じぶん配当利回り」**と呼んでいます（配当金÷投資額［簿価］×100＝じぶん配当利回り）。

言葉での説明だけではわかりづらいと思いますので、私自身の保有銘柄から例を挙げましょう。

私の主力投資先の1つ、三菱商事（8058）です。中期経営戦略で**累進配当政策**（利益成長とともに増配するか、最低でも前年同額の配当を維持し、減配はしない方針）を宣言している**「増配株」**です。長年投資していますが、過去に利益確定や追加投資などを繰り返しており、現在の簿価（私の買い付け額の平均値）は2885円です。投資時の配当利回りは3～5%台でした。

それに対して、本書の執筆時（2023年8月末）の同社の株価は6860円、2024年3月期の配当予想は200円です。証券会社のウェブサイトで予想配当利回りを確認すると、2.92%と表示されています（配当予想200円÷本書執筆時の株価6860円×100で計算されています）。

ただ、私の簿価は上記のとおり2885円ですから、「じぶん配当利回り」は6.93%になっています（配当予想200円÷簿価2885円×100＝6.93%）。

買い付け時は配当利回り3～5%台だったものが、企業の成長による増配で、1.7倍くらいに高くなっていることがわかっていただけるでしょう。

三菱商事(8058)の「じぶん配当利回り」の成長

購入時(簿価)	2023年8月	じぶん配当利回り
株価:2885円	株価:6860円	株価(簿価):2885円
配当金:110～130円程度	配当金:200円	配当金:200円
配当利回り:約3～5%	配当利回り:約2.92%	じぶん配当利回り:6.93%

⑤ 50歳スタートで全力投資のEさんの場合

全力投資で、新しいNISAの非課税保有限度額(総枠)(=生涯の投資上限額)を最速で達成しようとするケースも見ておきます。

Eさんは、過去20年ほどは年子の2人のお子さんに教育費がかかって、自分たち夫婦の老後資金にまでは頭が回っていませんでした。ようやく子どもたちが独立したことから、かからなくなった教育費プラスアルファの資金を投資に回すことにしました。

仕事では部長職に就いているEさんは、それなりに生活資金に余裕があります。新しいNISAをフル活用することとし、**「つみたて投資枠」の年間投資枠120万円、「成長投資枠」の年間投資枠240万円の合計額となる360万円を、5年間、毎年投資していく**ことにしました(毎月30万円)。それぞれの枠の投資先は、これまでに見てきたモデルケースと同じように選定します。

このようにすると、「成長投資枠」については240万円×5年＝1200万円となりますから、5年間で「成長投資枠」の非課税保有限度額(総枠)1200万円に到達します。

「つみたて投資枠」についても、120万円×5年＝600万円となります。

「成長投資枠」と「つみたて投資枠」の合計で、新しいNISAの非課税保有限度額(総枠)である1800万円を最速で達成できるわけです。

投資期間が5年間と短いので、その間の複利効果はさほど大きくは期待できません。それでも、「つみたて投資枠」で月10万円ずつ(年120万円)

投資し、それを5年間ずっと年率5%で複利運用できたとすれば、55歳時点で元本600万円に対して評価額は約680万円になっています。

また、積み立てが終わった55歳以降も、そのまま年率5%の複利運用で60歳までホールドすれば、この資金は872万円にまで成長します。

同様に「成長投資枠」に関しても、配当金の再投資も含めて毎月20万円を5年間投資し続け、3～6%の複利で運用できたとすれば、55歳時点で元本1200万円。それに対する評価額は1292万(3%)～1395万(6%)

Eさんの「つみたて投資枠」の推移

積み立て年数と資産額の推移

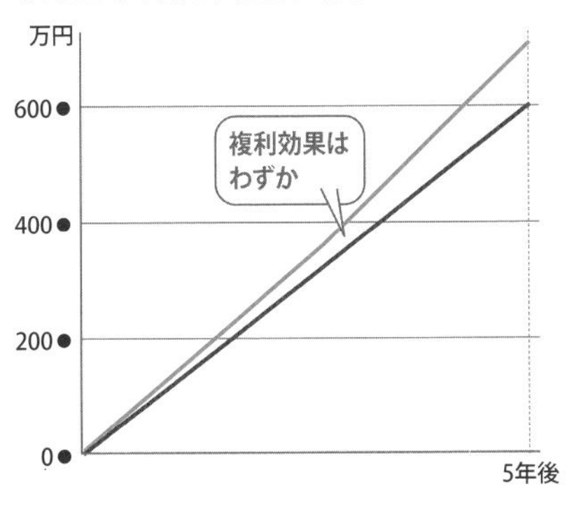

投資元本と運用益の比率

Eさんの「成長投資枠」の推移

投資年数と資産額の推移

万円
1500
1000
500
0
複利効果は
わずか
6%
3%
5年後

投資元本と運用益の比率

円となります。

55歳以降もこの資産を年率3～6%の複利運用で60歳までホールドすれば、1500万（3%）～1881万（6%）円にまで資産が成長します。

60歳時点での「つみたて投資枠」と「成長投資枠」それぞれの推計評価額を合計すると2372万～2753万円となり、いずれにせよ「老後2000万円問題」の2000万円の不足は完全にクリアできる計算です。

●60歳以降のプラン

このモデルケースでの60歳以降の方針としては、Eさんの定年などで収入が減ることが予想されるため、つくった資産を「じぶん年金」として活用したくなった段階で、**まずは「成長投資枠」の1500万～1881万円をNISA口座にほったらかしにしたまま、配当金だけを定期的に証券口座から引き出すようにする**といいでしょう。

配当利回り4%として、年額にしておよそ60万～75万円、月額5万～6万円程度の配当金が得られますから、それだけでも生活はだいぶラクになるはずです。

それでも不足するようであれば、「つみたて投資枠」の投資信託を売却して利益確定させ、その資金を非課税ではない「特定口座」に移し、高配当株などへの投資にシフトさせます。評価額は872万円ですから、同じく配当利回り4%で配当金が得られれば年額35万円。ただしNISAではないので税金が引かれて、手取りは28万円、月額では2.3万円程度の追加「じぶん年金」を確保できます。先ほどの月額5万～6万円と合わせれば月に7.3万～8.3万円ですから、十分な金額のはずです。

評価額で2372万～2753万円になっている資金も減らさずに済みます。

●最短での非課税保有限度額（総枠）への到達にこだわりすぎない

なお、このEさんのモデルケースでは、**短い期間のうちに集中して大きな金額を投資するため、市場での短期的な価格変動に最終的なリターンが左右されやすいリスクがあります。**

また最速の5年間での非課税保有限度額（総枠）到達には、年間360万円、毎月30万円もの投資を5年間にわたって続ける必要があるわけで（実際には、必ずしも毎月同額ではなくても可）、それなりに経済状況に余裕がある人でなければそもそも実践できないでしょう。
「成長投資枠」を活用するための勉強の時間が取りづらい、という問題もあります。

反面、新しいNISAで認められている非課税枠を最速で限度額いっぱいまで利用できるため、**理屈の上では運用期間全体における複利効果をもっとも多く享受できる**、という特長があります。

個人的には、**最速での非課税保有限度額（総枠）への到達にはあまりこだわらず、それぞれの方が自分の実践できるペースで、着実な投資を心がけるほうが現実的ですし、途中で挫折してしまう危険性も低いのではないか**と思っています。

⑥ 60歳スタートのFさんの場合

60歳以降はなるべく投資はせずに手堅くいくように、と多くの人が言います。とはいえ、新しいNISAには非課税の恩恵があるわけで、こんなやり方もある、というFさんのケースを紹介しておきましょう。

60歳以降も継続雇用で働くことを決めたFさん。**新しいNISAの「成長投資枠」を最大限に使って、株式を中心に年間240万円（毎月20万円）を5年間投資する**ことにしました。

5年間という短期の運用なので、その間の株価の伸びや複利効果はそこまで期待できません。配当金にこだわり、配当利回りの高い日本の大型株や、米国高配当株式ETFなど10～20銘柄に分散投資していきます。

計画どおりにいけば、5年後に65歳になったとき、「成長投資枠」の上限額1200万円を使い切っています。元本1200万円に対し、5年間は3～6%で複利運用できていたと想定すれば、評価額は1292万（3%）～1395万（6%）円となります。

Fさんの「成長投資枠」の推移

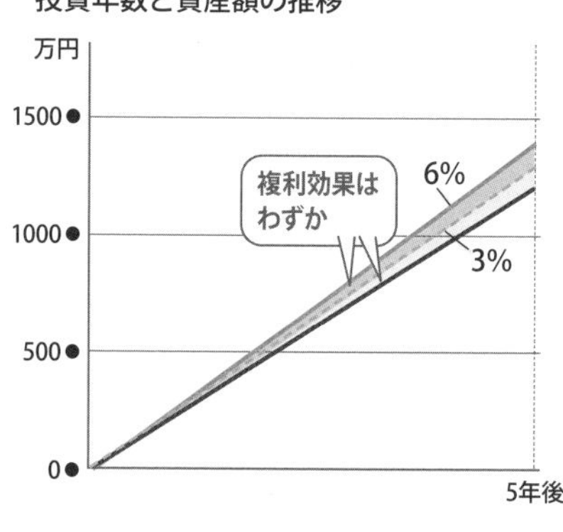

その後は、配当利回り3%であれば（60歳スタートなので控えめな仮定にしています）、**年間およそ38.8万～41.9万円、月額では3.2万～3.5万円の配当金や分配金を非課税で「じぶん年金」にできます。**公的年金の不足額5万円には少し足りませんが、足りない部分はシルバーワークや副業、あるいはNISAとは別の貯蓄からの取り崩し、節約などで補えばいいでしょう。

またそのまま少し時間が経てば、企業の成長による増配を通じて「じぶん配当利回り」が上がることが期待できます。

株価の上昇がなかったとしても「じぶん配当利回り」で5%を達成できれば、1292万～1395万円×5%で年額64.6万～69.8万円、月額では約5.4万～5.8万円の配当金を「じぶん年金」として非課税で得られるようになります。公的年金の不足額もカバーできるようになるわけです。

たとえある程度高齢になってからでも、このやり方であれば比較的安全に、老後資金の不足への対策ができるのではないでしょうか。**預かり金（この場合、配当金のこと）を証券会社の口座から引き出すだけなので、高齢で判断力やパソコン操作の能力が衰えてきても比較的長く実践しやすい**、という側面もあります。

とはいえ、投資をしなくても想定外の長生きにも対応できるほどの資産が60歳時点ですでにあるのなら、新たにNISAでの投資を始める必要性は薄いでしょう。

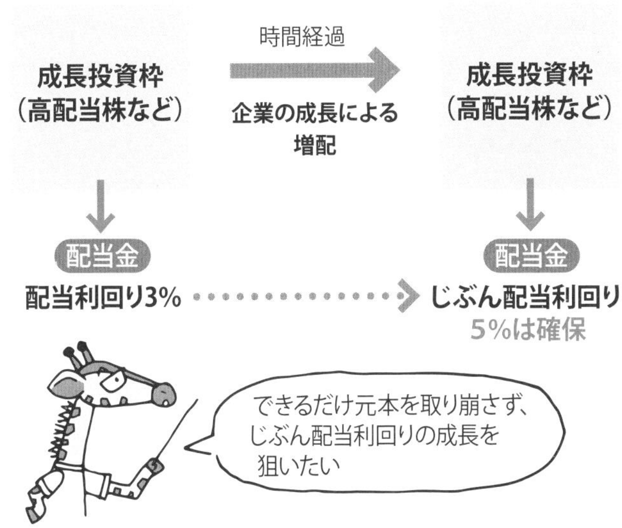

ポイント

NISAの活用では、できるだけ投資期間を長く確保し、複利効果を効かせるのがキモ。老後に入ったら「つみたて投資枠」から「成長投資枠」に資産を移動させて、配当金等を「じぶん年金」にするのが基本パターンです。

04 新しいNISAのデメリットも把握しておく

いいことずくめのNISAにも、不都合な部分はあります。損益通算や繰越控除ができず、18歳未満には利用できないのが大きな弱点。投資対象の制限もあります。弱点も把握して上手に使いましょう！

○ NISAにも弱点があるってホント？

当然ながら、**どんな制度もメリットばかり、ということはありえません。**NISAのデメリットについても説明しておきましょう。

●損益通算ができない！

NISAにおける最大のデメリットの1つは、**NISA口座で生じた損失については、特定口座などでは可能な「利益との損益通算」ができないこと**でしょう。

たとえばNISA口座で購入した株式を、購入時より値下がりした状態で売却すれば「譲渡損」が発生します。通常の特定口座で取引を行っていた場合なら、その損失をその年のうちに発生した別の株式などでの利益（譲渡益）と相殺し、相殺し切れなかった利益の金額だけを課税対象とします。

つまり、**儲けた分と損した分を課税の前段階で相殺できるので、特定口座などでの取引ならば、たとえ損失を出して悔しい思いをしているときでも、損失と利益を相殺して儲けを減らす節税効果があるので、多少は気が休まる**というわけです。

その年に大きな利益（譲渡益）を出しているときには、年内のうちに含み損を抱えてしまっている株式を売却して損切りし、あえて損失（譲渡損）を出すことで利益と相殺して税金を節約しようとする投資家もたくさんいます。

ところが、NISA口座で発生した損失は、この損益通算ができません。利益に税金がかからないので、損失にだけ節税効果があったらおかしい、ということなのかもしれません。

いずれにせよ、**NISAでの損失は節税効果のない純粋な損失になるので、特定口座などで生じる損失に比べればダメージが大きい**と考えられます。

損益通算の仕組み

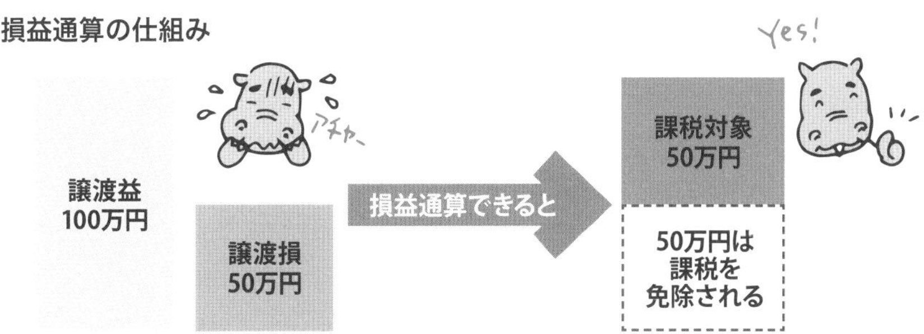

●繰越控除もできない！

投資では、その年の利益の全部と相殺しても、相殺し切れないほどの損失が発生することがあります。

そうしたとき、特定口座などであれば**相殺し切れなかった損失を、翌年以降に最長3年間まで繰り越して、翌年以降の利益と相殺することも認められています。**

これを「繰越控除」と言います。

繰越控除の仕組み

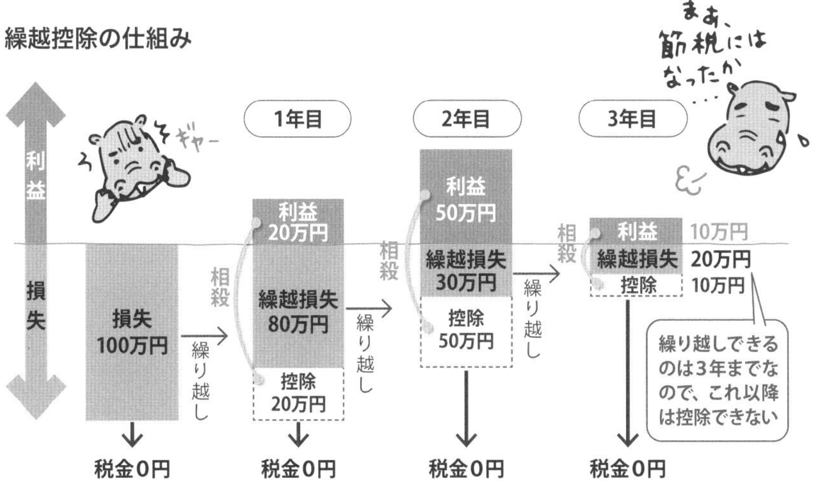

しかし、NISA口座ではそもそも損益通算ができないのですから、この繰越控除もできません。

この2つの弱点があるため、**NISAを使った取引では大きな損失を出すことをなんとしても避けるべき**です。NISAでの損失は、節税効果のない純粋な損失だからです。

そのためには、**大きな損失が出る危険性が高いハイリスク・ハイリターンな投資はNISAではしない**、ということを鉄則にすべきであると私は考えます。

たとえば、狙いがあたったときの株価の爆発力は強くても、鳴かず飛ばずで値下がりする可能性も高い成長株への投資や、無配株への投資、新興国株などに投資することは、NISAでは避けるべきです。こうしたハイリスクな投資をしたいのであれば、仮に損失が出たときでもその損失を節税に使える特定口座などで投資すべきではないでしょうか。

逆にNISAで狙うべきは、安定成長する投資信託や、配当利回りの高い高配当株および分配金利回りのよいETFです。高配当株でも、できれば業績の安定している大型株や、一見そこまで配当利回りが高くなくても、増配を通じて「じぶん配当利回り」が上がっていくような増配株を狙いたいところです銘柄選択はPart2、Part3。

配当利回りの高い銘柄への投資をしていれば、仮にその銘柄の株価が一時的に30%下落して含み損を抱えたとしても、長期的に見れば含み損を上回る配当金が得られる可能性が高いでしょう。

新しいNISAの非課税期間に期限はないので、ずっとホールドしていても問題ないからです。

たとえば配当利回りが4%の銘柄で、8年間配当金が得られれば、含み損の30%に対して配当利回りが4%×8年＝32%となり、配当金のほうが含み損を上回ります。

○ 投資対象が限定されるのもデメリットではあるが……

また、**NISAでは投資できる対象が限定されている**ことも、デメリットの1つとして挙げることができるでしょう。

原則として、NISAで投資できるのは**「つみたて投資枠」**では**「長期の積み立て・分散投資に適した一定の投資信託」**、**「成長投資枠」**では**「上場株式・投資信託等」**とされています。

●「成長投資枠」での制限

このうちの「成長投資枠」について言えば、上場株式、投資信託、ETF［上場投資信託］およびREIT［不動産投資信託］が基本的な投資対象ですから、それ以外の投資対象、たとえば債券や非上場の株式、預貯金、先物やFX、貴金属などの商品、不動産などには投資できません（債券や貴金属、不動産などに投資する投資信託およびETFを買うことは可能です）。

「成長投資枠」での投資対象

対象となる金融商品「上場株式・投資信託等」	対象とならない金融商品
株式投資信託※	非上場株式
国内株	預貯金
外国株	債券
国内ETF	公社債投資信託
海外ETF	MMF・MRF
REIT［不動産投資信託］	eワラント
	上場株価指数先物
	FX（外国為替証拠金取引）
	金・プラチナ等
	高レバレッジ型および毎月分配型の投資信託
	信託期間20年未満の投資信託
	整理／監理銘柄

※本書では、「株式投資信託」を単に「投資信託」と表記します。

株式市場を通じて日本経済全体を活性化させることがNISA設置の狙いの1つと思われますから、株式市場で買えない投資対象には、非課税の恩恵を適用できないということなのでしょう。

また**投資信託とETFについては、損益が一定の倍率で拡大される「レバレッジ型」や、毎月分配型、信託期間が20年未満の商品などには原則として投資できないことになっています。**老後資金の不足へ備えるための長期的な資産形成には向かない、と考えられているからのようです。

前ページに「成長投資枠」で投資できる商品とできない商品をまとめましたので、そちらも参考にしてください。

●「つみたて投資枠」での制限

そして、前述したように「つみたて投資枠」では最初から、投資先として選択できる投資信託が限定されています。**各金融機関が条件に基づきあらかじめ金融庁に届け出たものから、投資対象を選ぶことになります。**

基本的に「成長投資枠」で投資できない投資信託と同じ性質を持つ銘柄、つまり高レバレッジ型や毎月分配型の投資信託等は、あらかじめ除外されているので、これらの銘柄にはNISA全体で投資できない仕組みになっていると言えます。

こうした投資対象の制限があり、自由に投資対象を選べない点はNISAの弱点の1つだと言えます。しかし、**考えようによっては、この制限は逆にメリットにもなる**でしょう。

たとえば高レバレッジ型の金融商品は、値動きが激しいために、よほどの投資上級者でないと失敗しやすい投資対象です。損益通算ができないNISAでは大きな損失を出さないことが大切ですから、最初から買えないことは、むしろありがたいのではないでしょうか？

毎月分配型の投資信託も、一時期は人気を博したものの、長期的な資産形成には向かないと言われており、排除されていることに違和感はありません。

倒産リスクの高い整理銘柄や監理銘柄については言わずもがなです。

投資についての知識が少ない人が、上級者向けのハイリスクな商品や資産形成に向かない投資対象、そもそも潰れそうな会社の株式などをうっかり買ってしまうことがないようになっているという意味では、この制限は「あってしかるべき制限」、「むしろ、ありがたい制限」だと私は考えています。

18歳になるまでは投資できない

2024年から導入された新しいNISAでは、利用できる年齢が18歳以上と定められています。**18歳になるまでは利用できない**わけで、これもデメリットの1つと言えるかもしれません。

2023年末までは、18歳未満の未成年者でも利用できる「ジュニアNISA」という制度を使って、たとえ0歳の子どもでも投資を始めることができました（保護者の代理運用もOKでした）。しかし、**「ジュニアNISA」は2024年の制度改定に伴い、2024年1月から新規の利用ができなくなってしまいました。**

なお、2023年末までに「ジュニアNISA」で購入した保有銘柄については、本人が18歳になるまでは「ジュニアNISA」の口座か、5年経過後には「継続管理勘定」を通じて、そのまま非課税の扱いにできます。本人が18歳になり初めて迎える1月1日に、「ジュニアNISA」の口座や「継続管理勘定」から通常の課税口座へと切り替わります。

また以前は18歳になるまでは原則として非課税での払い出しができないルールになっていましたが、2024年からの制度改定に伴って、18歳までの期間にも非課税での払い出しができるようになっています。

ポイント

①損益通算や繰越控除ができない、②投資対象を自由に選べない、③18歳未満は利用できない、の3点が新しいNISAの主なデメリットです。

05 NISA口座はどうやってつくったらいいの？

いよいよNISAでの投資がしたくなったら、証券会社でNISA口座を開設しましょう。口座開設にあたって最低限、必要になる知識と、開設先金融機関を変えたくなったときの手続きを説明します。

○ 証券会社での口座開設がオススメ

新しいNISAを利用した資産形成を始めるには、金融機関で「NISA口座」を開設しなければなりません。証券会社か銀行（郵便局やJAバンク、信用組合などを含む）、一部の保険会社などで開設できますが、このうち**断然オススメなのは証券会社での開設**です。

証券会社より銀行に馴染みがある方が多いので、「いつも利用している銀行でNISA口座をつくりたい」と考える人がいるかもしれませんが、**NISAで取引できる金融商品の種類や数という点で、銀行よりも証券会社が圧倒的に上回っている**ため、正直、銀行での開設はオススメできません。

銀行で開設したNISA口座では、投資できる商品は原則として投資信託のみとなります。銀行でも「金融商品仲介口座」を開設すれば、提携する証券会社とのあいだを取り持ってもらう形で株式の売買が可能ですが、一般的ではなく煩雑です。それに対し、証券会社であれば普通に株式にも投資できますし、ETF［上場投資信託］やREIT［不動産投資信託］など、株式市場を通じて売買できる銘柄ならかなり幅広く購入できます。

Part1-3の年代別モデルケースでも紹介したように、**定年退職などをしたあとはそれまでに投資信託でつくった資金を高配当株やETFに替え、そこから得られる配当金や分配金を老後資金にあてる**、というのが有力な投資戦略となります。

この戦略を実現するためには、株式に投資できない銀行でのNISA口座開設ではダメなのです。保険会社も同様です。

NISA口座の開設先については、証券会社の一択でしょう。

どこの証券会社を選べばいい？

証券会社には、実店舗で営業している「**店舗型証券**」と、主にインターネット上で営業している「**ネット証券**」の2種類があります。

実店舗がある店舗型証券の場合、対面や電話で取引ができたり、資産運用のアドバイスを受けられたりといったメリットがあります。ただし店舗の賃料や人件費が必要なため、一般にネット証券よりも売買手数料などが高くなる傾向にあります。

一方のネット証券は、発注作業の多くをネット上で自動化しているため、売買手数料はかなり低く抑えられています。

NISAを利用した資産形成は長期の投資になることがほとんどです。そして**長期投資においては、売買の際の手数料のわずかな違いも「チリツモ」で最終的なリターンに馬鹿にならない影響を与えます。**

そうなると、**手数料の安いネット証券のなかから好みの証券会社を選んで、そこでNISA口座を開設する**というのが現実的な方策になるでしょう。

証券口座数ランキング（2023年6月時点）

1位	SBI証券 ※グループ会社を含みます。
2位	楽天証券
3位	野村證券
4位	SMBC日興証券
5位	大和証券
6位	マネックス証券
7位	みずほ証券
8位	auカブコム証券
9位	松井証券
10位	LINE証券 ※証券業務からの撤退を表明しています。

編集部調べ

上の表は、証券口座数のトップ10を示したものです。口座数が多いということは、多くの個人投資家に支持されているということですから、このランキング表の上位のうちのいずれかから、ネット証券を選んでおくと安心ではないでしょうか。

上位のネット証券であれば、サービスにさほどの差はありません。ウェブサイトが自分にとって使いやすいかどうか、自分がほしい情報をすぐに入手できるか、といった視点で比べて選べばよいと思います。

ちなみに、私自身がいまから新しく選ぶのであれば、個人的な好みから**SBI証券**、**楽天証券**、**マネックス証券**の3つのうちどれかを選ぶと思います。あくまでも参考として、その理由についても簡単に触れておきます。

※以下の各証券会社についての情報は、いずれも2023年9月時点のもの。

●SBI証券

口座数1位で、もっとも多くの投資家に支持されています。

提携しているクレジットカードが豊富にあり、カードによる投資信託の積み立てが可能で、クレジットカードのポイントも付与されます。ポイント還元率は0.5～1%程度ですが、三井住友カード・プラチナプリファード（年会費3万3000円）ならポイント還元率は5%です。

また個別株では、日本株や米国株はもちろん、中国株、シンガポール株、ベトナム株など、外国株の取扱国数が9か国と、主要ネット証券のなかでもっとも多いのも特長です。

日本株の売買手数料が無料であることも、大きな魅力です（条件あり）。加えて、新しいNISAにおいては米国株等の売買手数料も無料です。

●楽天証券

楽天カードを通じて投資信託を積み立てすれば、楽天ポイントが付与されます。また、楽天市場などの利用で貯めた楽天ポイントを投資に使うこともできるなど、ポイント関連のサービスが豊富です。いわゆる「楽天経済圏」の住人にとっては、とくに魅力的な証券会社ではないでしょうか。

投資では「出口戦略」が大切で、投資信託の自動売却サービスを「定額」「定率」「定口」で実施しているのは主要ネット証券では楽天証券だけです。

口座を開設すれば日経テレコン（楽天証券版）が利用でき、日本経済新聞の記事を無料で閲覧できるのもメリットです。

日本株の売買手数料が無料になる「ゼロコース」があります。加えて、新しいNISAにおいては日本株も米国株等も売買手数料が無料です。

●マネックス証券

投資先を検討するときに、マネックス証券が提供する「銘柄スカウター」を使えば豊富なデータを見られます185ページ参照。日本株はもちろん、米国株や中国株の業績推移（売上、営業利益、当期利益、EPSほか）や配当履歴を10年以上さかのぼって日本語で確認できるため、個人的にも日米株の銘柄分析で重宝しています。

年会費無料のクレジットカードを使っての投資信託の積み立てでは、マネックス証券とマネックスカードの組み合わせは相性がよく、ポイント還元率1.1%となります。

新しいNISAにおいては日本株も米国株等も売買手数料が無料です。

証券口座の開設方法

口座開設先の証券会社を選んだら、あとはそれぞれの会社のウェブサイトで、画面の指示にしたがって口座開設の手続きを行います。

すでに証券会社に証券口座を持っている人は、そこでNISA口座を開設できます。どこにも証券口座がない人は、**証券口座と同時にNISA口座も開設する**形になります。

なお、NISA口座ではない通常の証券口座には、①**特定口座（源泉徴収あり）**、②**特定口座（源泉徴収なし）**、③**一般口座**の3種類があります。

口座開設にあたっては、このうちのいずれかを選択する必要があります次ページ図参照。

この3種類は投資で利益が出た場合の税金の扱いがそれぞれ異なりますが、あまりこだわりがなければ、**①特定口座（源泉徴収あり）を選んでおけば、まず問題はない**でしょう。

口座開設には本人確認が必要です。オンラインで行う方法と、証券会社から書類を郵送してもらって必要事項を記入し、添付書類とともに返送する方法があります。

手続きをすると、数日～2週間程度で口座が開設されます。その後、証券口座に入金すれば、原則としてその金額の範囲内で金融商品を買い付けできるようになります。

証券口座の違い

	特定口座(源泉徴収あり)	特定口座(源泉徴収なし)	一般口座
年間取引報告書	証券会社が作成してくれる	証券会社が作成してくれる	自分で作成
確定申告	原則不要	必要	必要
自分ですべきこと	とくになし	確定申告(証券会社が作成する「年間取引報告書」を利用できるのでラク)	確定申告(「年間取引報告書」を自分で作成する必要があるので、手間がかかる)

NISA口座の開設先金融機関の変更方法

いったん特定の金融機関でNISA口座を開いたものの、使い勝手などの面で別の金融機関のほうがよくなった場合には、**NISA口座の開設先金融機関を変更することも可能**です。ただ手続きには少し手間がかかります。

金融機関を変更したい年の前年10月1日から当年9月末(手続きには日数を要するため、9月中旬頃までには変更先の金融機関に届け出る必要があります)までに手続きを完了させます。

ただし、**当年にすでにNISAで何か取引をしていたとしたら、取引の金額に関わらず、その年にはNISA口座の開設先を変更することはできません**。変更できるのは翌年からとなります。投資信託の自動積み立てを利用していると、いつの間にか取引が発生している場合もあるので気をつけてください。

手続きにあたっては、現在NISA口座を開設している金融機関で、NISA口座の金融機関変更の手続き（口座に金融商品を保有している場合）、あるいは廃止の手続き（保有していない場合）をし、「**勘定廃止通知書**」または「**非課税口座廃止通知書**」という書類を入手します。

その後、新しくNISA口座を開設したい金融機関にNISA口座開設の申込書類を請求します。そして、届いた申込書類に記入し、本人確認書類と「勘定廃止通知書」または「非課税口座廃止通知書」を提出することで、NISA口座の開設先を変更できます（通常の証券口座がまだない証券会社であれば、口座の新規開設の手続きを先に行います）。

ちなみに**NISA口座の開設先の変更をした場合でも、もともとの金融機関にあったNISA口座、および保有銘柄は、その金融機関にそのまま残ります**。新規の買い付けができなくなるだけです。

もともとの金融機関から現在の開設先の金融機関に、NISA口座同士で保有銘柄を移管することもできません。

このように、口座開設先の変更には面倒な手続きが必要になりますから、最初に選ぶ段階でしっかり口コミや使い勝手をチェックするなどして、「ここだ！」という証券会社を選んでおくことをオススメします。

※2024年以降、手続き等は変更される可能性があります。
※金融機関により手続きが異なる場合があります。

ポイント

自分に合ったネット証券での口座開設がオススメ。利用できるサービスや、ポイント制度などをよ～く確認してじっくり選ぼう。あとからの開設先変更もできます。

Part 1 新しいNISAはこれからの資産運用の定番だ!

2024年1月1日から、新しいNISAがスタートする。従来のNISAよりグッとお得になった。

NISAは投資のリターンが非課税になる制度。
新しいNISAは「つみたて投資枠」と「成長投資枠」の2本立てになっている。

非課税期間が無期限に。売却のタイミングを自分の都合で選べ、保有銘柄の損益を強制的に確定させられることもなくなった。

年間投資枠(年間上限)360万円、非課税保有限度額(生涯上限)1800万円と、非常に大きな金額をNISAで投資可能。保有銘柄を売却すれば、その分の非課税保有限度額は翌年「復活」。

「つみたて投資枠」と「成長投資枠」を組み合わせて上手に使えば、どんな年代からでも、効率よく、老後を見据えた資産形成が行える。

NISA口座での損失はそれ以外の口座での利益と損益通算ができず、繰越控除もできない。
投資対象にも一定の制限がある。

NISA口座は銀行などでもつくれるが、自分が使いやすいネット証券で開設するのが鉄板のチョイス。

Part 2

「つみたて投資枠」では世界の成長を取り込もう!

新しいNISAでは、優良な投資信託に
積み立て投資ができる「つみたて投資枠」と、
比較的自由に投資ができる「成長投資枠」の併用が可能です。
Part 2では、このうちの「つみたて投資枠」について
オススメの活用法を紹介します!

「つみたて投資枠」では米国株か全世界株の投資信託がオススメ！

つみたて投資枠
最大で1800万円
（年間120万円まで）
一定の基準を満たした投資信託から選択
新しいNISAでは2つの投資枠を総額で1800万円まで併用できるよ！
成長投資枠
最大で1200万円まで
（年間240万円まで）
投資先はかなり自由に選べる
フム
フム
FIRE

そういえば
「つみたて投資枠」には、何本くらい投資信託が用意されているの？

全部で200本以上は用意されているよ
いろいろ取り揃えてあるから、好みの商品を選べばOK

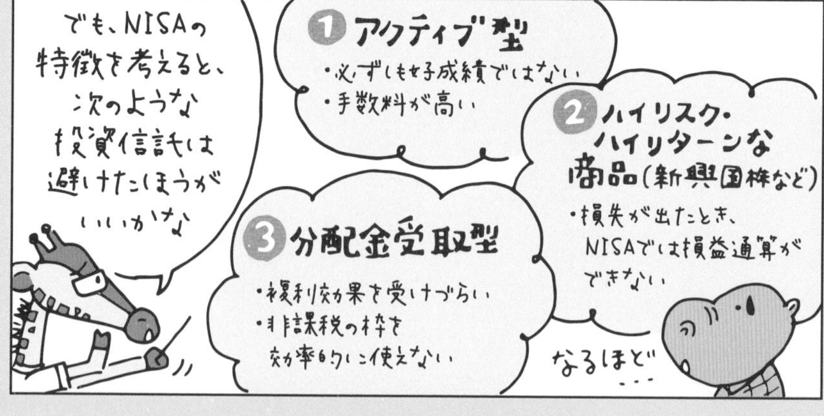

でも、NISAの特徴を考えると、次のような投資信託は避けたほうがいいかな
1 アクティブ型
・必ずしも好成績ではない
・手数料が高い
2 ハイリスク・ハイリターンな商品（新興国株など）
・損失が出たとき、NISAでは損益通算ができない
3 分配金受取型
・複利効果を受けづらい
・非課税の枠を効率的に使えない
なるほど…

個人的には
米国株に投資する
インデックス型の
商品が
イチ押し!!!
とにかく
成長率が高い!
ガバナンス良好で
株主重視!
大国・アメリカの
信頼感!
U・S・A!
わっ

あるいは、全世界の
株式や先進国の
株式に投資する商品も
オススメできる
インデックス
型ね
スケール
大きいね

なんで
日本株じゃ
ないの?
……まあ、日本より
海外のほうが
成長しているから
仕方ないのよ
日本の会社には
「成長投資枠」で!

「つみたて投資枠」では、
いったん投資先を選んだら
あとはドルコスト平均法で
コツコツ買っていくだけ。
資産の最大化を目指そう
こういうの
ドルコスト?
平均法
?
FIRE

投資に慣れていないと
知らない用語も
多いだろうから、
じっくり解説して
いくね!
よろしく
〜
FIRE

01 「つみたて投資枠」で投資できるのは投資信託だけ

投資信託は、多くの投資対象にまとめて投資できる「パッケージ商品」。あらかじめ絞り込んで用意されている選択肢のなかから、「つみたて投資枠」の強みを最大限活用できる投資信託を選びましょう。

Part1-3の各モデルケースでも示したように、新しいNISAで私がオススメする基本戦略は、①**「つみたて投資枠」を活用し、複利効果を最大化できるよう投資信託にできるだけ長期の投資を行って「資産の最大化」を狙う。②「成長投資枠」では、個別株およびETFの配当金や分配金を「じぶん年金」とすることを意識しながら、株価の上昇も狙える銘柄へ投資して「配当金の最大化」を狙う。**この2つの戦略の組み合わせです。

この基本戦略に合致するように投資しようするとき、それぞれの非課税枠でどんな投資先を選べばいいのか、Part2ではまず「つみたて投資枠」について説明していきます。

○ 厳選された投資信託のなかから選ぶ

「つみたて投資枠」では、あらかじめ金融機関が金融庁に届け出ている投資信託（条件に合致しているもの）や、一部のETF［上場投資信託］を積み立てることができます。ただしETFは8本の届け出がありますが、積み立てられる金融機関が限定されているため、本書ではこれ以上言及しません（2023年8月時点）。

●そもそも投資信託って何？

「投資信託」とは**複数の投資先を1つにパッケージ化し、それを購入すれば、組み入れられている企業などにまとめて投資できるようにしている商品**のことです。「ファンド」と呼ばれることもあります。

証券会社などの販売会社が、多数の投資家からお金を集めて大きな金額にし、そのお金を信託銀行に保管してもらいます。運用会社は、どう投資するのかを考え、その投資の実行を信託銀行に指図(さしず)します。信託銀行はその指図を受けて株式等の売買をし、運用で利益が出たら、販売会社を通じて投資家に利益が分配される、という仕組みが「投資信託」です。

投資信託の仕組みのイメージ

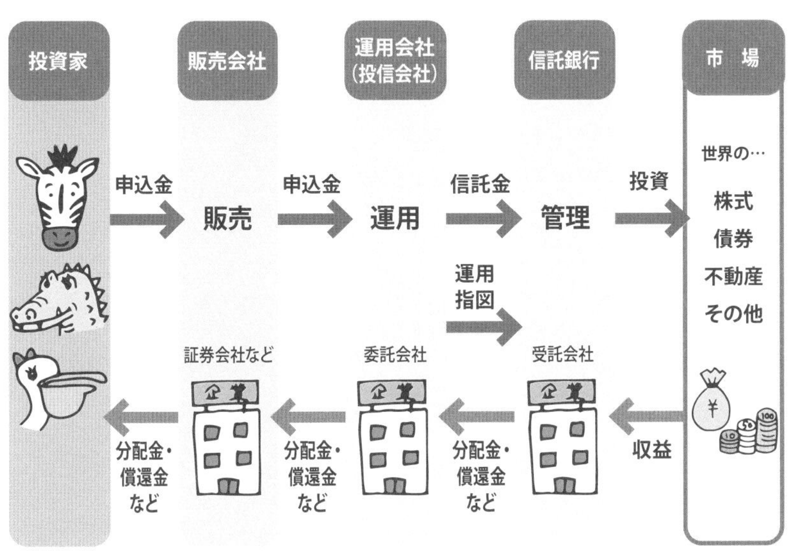

●投資できる銘柄は200以上！

新しいNISAの「つみたて投資枠」で利用できる投資信託の数は、本書執筆時点ではまだ完全には明らかになっていません。

しかし、**2023年末までの従来の「つみたてNISA」で利用できていた投資信託は、引き続き「つみたて投資枠」でも利用できる**とされており、これだけで200数十本あります。

この本数は今後も増えていくと思われますが、それぞれの証券会社で、すべての投資信託を利用できるわけではありません。

本書ではこのあと、200本以上あるなかでも優良な銘柄に絞って紹介します83ページ参照。「選択肢が多すぎて選べない！」ということにはなりませんし、させませんから、どうぞ、ご安心ください。

○ 投資信託にはいくつかのタイプ（種類）がある

長く付き合うことになる投資信託ですから、それぞれの商品の特徴をよく比較して選びましょう。

① 投資対象地域（国内型 or 海外型 or 内外型）
② 投資対象の種類（株式型 or 資産複合型）
③ 運用方針（インデックス型 or アクティブ型）
④ 運用にかかる手数料（高い or 安い）
⑤ 過去の運用成績

主に上記の5つのポイントに着目して選ぶのが定番です。順に解説していきます。

●投資対象地域

①の投資対象地域は、国内に投資するのか、海外に投資するのか、あるいはそのミックス（内外）か、という違いです。

海外に投資する場合には、「米国だけ」「日本以外の先進国だけ」「新興国だけ」といった具合に、投資対象地域をさらに限定した商品もありますし、逆に地域を限定せず「日本以外の全世界」を対象とする商品もあります（「日本を含む全世界」ならば、「内外型」となります）。

●投資対象の種類

②の投資対象の種類は、株式だけに投資するのか、それ以外も含む資産複合型か、という違いです。

「つみたて投資枠」で投資できるものは、投資対象に株式を含む投資信託となっています（「成長投資枠」で投資できる投資信託には、投資対象に株式を含まない商品もあります）。

「つみたて投資枠」で利用できる投資信託の分類

	国内	MIX 内外	海外
株式型	48本	21本	63本
資産複合型	5本	99本	2本

※2023年8月末時点
※このほかにETF8本が指定されています。
出所:金融庁ウェブサイト

●運用方針

③の運用方針については、「特定の指数に連動するように運用する」方針の投資信託を「**インデックス型**」、「運用担当者（ファンドマネジャー）の裁量で指数（市場平均）より高いリターンを得ようとする」方針の投資信託を「**アクティブ型**」と呼んで区別します80ページ参照。

なお、**「指数」とは相場の状況を示すために一定の計算式で算出する数字のこと**。日本であれば「日経平均株価」や「TOPIX」、米国であれば「S&P500」や「ナスダック総合指数」、「NY（ニューヨーク）ダウ」などが有名です。

●運用にかかる手数料

運用方針の違いは、④の運用にかかる手数料にも関係します。

投資信託を保有している期間にずっと運用の手間賃として支払う手数料は「**信託報酬**」と言います。

通常、インデックス型の投資信託のほうが、アクティブ型の投資信託よりも信託報酬は安く設定されています。アクティブ型の投資信託では、運用担当者が独自の調査で投資先を決定して売買するため、より多くのコストが必要になるからです。

また、主な手数料は信託報酬のほかにも2つあります。投資信託を買うときに必要な「**販売手数料**」は、ネット証券なら通常は無料です（店舗型証券や銀行では、有料のことがあります）。

投資信託を売るときに必要な「**信託財産留保額**」は、多くの銘柄で無料ですが、一部有料の銘柄もあります。

これらの手数料が全体でどれくらいになるのかをよく吟味して投資先を選びます。

投資信託の主な手数料

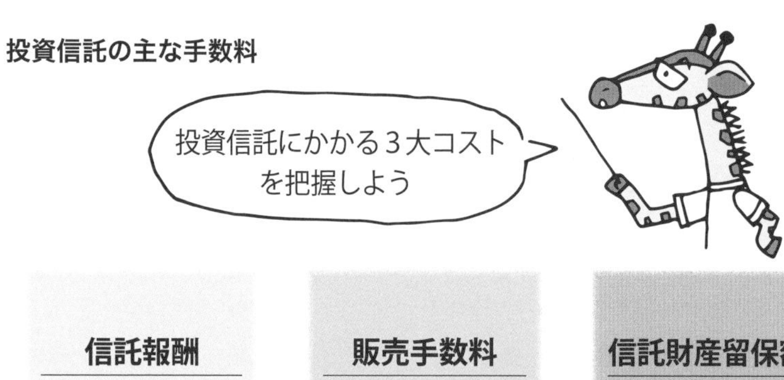

※このほかにも細かい手数料が発生する場合があります。

●過去の運用成績

⑤の過去の運用成績については、**10年トータルリターンが年率5%以上**の銘柄を選ぶようにしましょう。

これらのポイントで投資すべき商品を吟味し、みなさん自身がよいと思う投資信託を選びます。投資ですから、あくまで選択するのは自分で、自己責任です。

その前提の上で、本書でオススメするのは**海外、とくに米国株に投資するタイプ**で、**信託報酬が安いインデックス型の投資信託**です。

理由については、次項以降で詳しく説明していきます。

ポイント

「つみたて投資枠」には優良な投資信託が用意されています。どれを選ぶかはみなさんの自由ですが、オススメは海外株に投資するインデックス型です。

02 米国か全世界の株式に投資する投資信託を選ぶ

「自国バイアス」にとらわれるのは損！　投資先に海外の企業を選ぶのは、むしろ日本企業に投資するより安全です。とくに米国企業の成長力は圧倒的で、「つみたて投資枠」での長期投資に最適です。

○ 外国への投資のほうが、日本への投資よりむしろ安全

「つみたて投資枠」では、私は**米国株に投資対象を絞った投資信託**を選ぶことを強くオススメします。

次点で**全世界の株式に投資するタイプの投資信託**を、さらに次点で**先進国の株式に投資するタイプの投資信託**を推します。

「外国への投資は土地勘もなく、よくわからないから危険なのではないか？」「日本の企業に投資したほうが安心では？」と漠然と感じる人が多いかもしれません。しかし、**世界には日本よりも経済成長している国や地域がたくさんあるのですから、それらの経済成長の恩恵に与ろうとしないのは、率直に言ってもったいなさすぎます。**

たとえば、日本の代表的な株価指数である日経平均株価は、近年大きく回復してきているとは言え、平成元年（1989年）12月29日に3万8915円をつけたのを最後に、34年ほど最高値を更新していません。

経済全体を見ても、日本はバブル経済の崩壊以降、いわゆる「失われた20年」に突入。アベノミクスの時代を経てついにデフレを脱し、最近はようやく再成長の兆しを見せていますが、成長率の低下に苦しんでいる状況には変わりありません。

長く経済の低迷にあえいでいるあいだに、国全体のGDPは中国に抜かれて世界2位から3位に。近くドイツやインドにも抜かれるのではないかと見られています。

国民1人あたりのGDPでも、近隣アジア諸国に猛追されており、台湾や韓国に近く抜かれると予測されています。

こうした経済の低迷は、少子高齢化により人口減少が進んでいる国ではある程度は仕方がないことです。しかし1人の投資家としては、こうした事実を知ると日本の企業への投資をためらってしまうことは否定できません（とはいえ、個々に見ると、なかには優秀な企業もありますので後述します120ページ参照）。

一方で、世界にはいままさに人口の増加や経済の成長期を迎えている国が多くあります。少し前には中国が、いまはインドや東南アジア諸国、中東諸国などが、少し先にはアフリカなどの国々が、それぞれに人口や経済の成長期を迎え、世界経済のなかでの存在感を増していくと考えられています。

そして、依然として強い経済を誇る米国もあります。

こうした世界経済の現実を踏まえると、日本だけに投資しているのでは、海外にも投資している場合に比べて投資のリターンが小さくなってしまいます。また、何かの理由で日本経済が再び長期の低迷に陥れば、海外にも投資している場合に比べて、自らの資産へのダメージが大きくなってしまうでしょう。

こうした点を考えれば、**日本だけでなく海外にも投資をするほうが、むしろ安全**と言えるのです。

加えて、私は「成長投資枠」においては日本の高配当株などへ投資することをオススメしていますPart3。投資先を分散させる意味でも、「つみたて投資枠」では海外への投資を選ぶことをオススメします。

前項で紹介した「つみたて投資枠」で利用できる株式型の投資信託の内訳を見ても67ページ参照、投資対象を日本国内に限定したものが48本あるのに対し、海外型は63本（＋内外型21本）で、主に外国株へ投資する商品のほうが豊富に品揃えされています。

NISAにおいては、「品揃え」も日本株へ投資する投資信託より、外国株へ投資する投資信託のほうが多いのが実情なのです。

○ 資本主義の本丸：米国の会社へ投資しよう！

そして、諸外国への投資のなかでも、私は米国株への投資をイチ押しします。

理由は、**米国の企業こそが現代の資本主義社会でもっとも革新的な存在であり、またガバナンス（企業統治）にも優れ、実際に過去数十年、素晴らしい実績を上げてきているから**です。

1つずつ、詳しく解説していきます。

●アメリカ製品は世界中で使われている

みなさんの周辺を見回してみてください。

コカ・コーラやマクドナルド、スターバックス、P&G、VISAカード、マスターカード、Windows、Amazon、Google、X（旧Twitter)、Facebookなどなど……米国企業が開発したり製造したりしている商品・サービスは、私たちの日常生活のなかに当然のごとく存在しています。

もはや、あたり前すぎて米国発だとは思っていない商品やサービスも多く、インターネットは米国発ですし（企業ではなく米国国防総省による開発)、スマートフォンを開発していまのように普及させたのも米国企業です（iPhone)。コロナのメッセンジャーRNAワクチンを開発したのも（モデルナ)、最近話題の対話型AIも米国発です（オープンAI)。

日本だけではありません。世界中どこへ行っても、丸1日米国企業が開発した商品やサービスを利用しないで暮らせる国は、ほぼないと言っても過言ではありません。

世界中に市場を持つ米国企業は、その商品やサービスをグローバルスタンダードとし、資本主義経済のトップランナーとして走り続けています。

それを裏づけるのが、世界の企業の時価総額ランキングです。

世界の時価総額ランキング（2023年7月14日時点）

順位	企業名	時価総額（十億ドル）	国・地域
1	Apple Inc.	$2774	米国
2	Microsoft Corporation	$2391	米国
3	Saudi Arabian Oil Co.	$2219	サウジアラビア
4	Alphabet Inc. Class A	$1637	米国
5	Amazon.com, Inc.	$1413	米国
6	NVIDIA Corporation	$1085	米国
7	Meta Platforms Inc. Class A	$777	米国
8	Berkshire Hathaway Inc. Class B	$770	米国
9	Tesla, Inc.	$739	米国
10	Eli Lilly and Company	$519	米国
11	Visa Inc. Class A	$488	米国
12	UnitedHealth Group Incorporated	$469	米国
13	Johnson & Johnson	$449	米国
14	Taiwan Semiconductor Manufacturing Co., Ltd.	$440	台湾
15	LVMH Moet Hennessy Louis Vuitton SE	$439	フランス
16	JPMorgan Chase & Co.	$438	米国
17	Exxon Mobil Corporation	$433	米国
18	Walmart Inc.	$429	米国
19	Novo Nordisk A/S Class B	$409	デンマーク
20	Tencent Holdings Ltd.	$403	香港
21	Mastercard Incorporated Class A	$372	米国
22	Procter & Gamble Company	$365	米国
23	Broadcom Inc.	$348	米国
24	Samsung Electronics Co., Ltd.	$342	韓国
25	Home Depot, Inc.	$334	米国
26	Oracle Corporation	$318	米国
27	Kweichow Moutai Co., Ltd. Class A	$313	中国
28	Nestle S.A.	$304	スイス
29	Chevron Corporation	$304	米国
30	Merck & Co., Inc.	$276	米国

出所：CorporateInformation Top100List（https://www.corporateinformation.com/Top-100.aspx?topcase=b#/tophundred）

時価総額とは「株価×発行済株式数」で求められる数値で、企業を評価する重要指標の1つ。この時価総額の2023年7月14日時点のランキングで、世界の上位30社を示したものが前ページの図です。

トップ10のうち、3位のサウジアラムコ以外の9社はすべて米国の企業です。

30位までを見ても、22社（約73%）を米国企業が占めています。

世界のなかでいかに米国企業が強いか、明白にわかっていただけるデータだと思います。

ちなみに、日本がバブル経済の真っただ中にあった1989年には、この時価総額ランキングは現在とはまったく異なる様相を呈していました。

なんと、上位10社に日本企業が7社入っていたのです。上位30社でも、実に21社が日本企業でした。

現在では、上位30社に日本企業は1つも入っておらず、日本のトップ企業のトヨタ自動車が50位以内につけているのが最高です。いまとなっては、にわかには信じられない話ですね。

●米国企業はガバナンスが良好

米国企業は、ガバナンス（企業統治）やコンプライアンス（法令遵守）の面でも世界的に評価が高いことで知られています。

残念ながら日本企業ではここ数年、あっと驚くような不祥事を耳にすることが増えています。とくに品質を保証する各種データを偽装するたぐいの不正のニュースは、もはや聞いてもあまり驚かなくなってしまいました。

当然ながら、不祥事が繰り返されるたび、該当する企業の株価は下落します。

ガバナンスが一般的に日本より厳格な米国企業では、こうした不祥事はほとんど起こっていません。

ニューヨーク証券取引所のルールで、上場企業は取締役のうち過半数を社外取締役にすることを義務づけられています。外の目を入れなさい、ということです。また米国は訴訟社会とも言われ、不正行為を行うと容赦なく訴えられる傾向が見られます。こうした要因により、ガバナンスやコンプライアンスが効いた経営が行われているように感じています。

米国企業では、日本企業ではよく聞かれるカリスマ経営者の後継者問題もほとんど聞かれません。

アップルでは、カリスマ経営者だったスティーブ・ジョブズ氏亡きあとも後継者であるティム・クック氏が経営を引き継ぎ、企業を成長させ続けています。マイクロソフトも同様に、カリスマ性のある創業者ビル・ゲイツ氏からの世代交代に成功しました。

米国企業では創業者の引退＝会社の衰退ではありません。常に新しい経営者が現れて、会社を改革・成長させています。それは**特定の人物を神格化する属人的な経営ではなく、ルールに基づいた経営が実践されている企業が多い**からでしょう。米国には経営のプロが多くいることも要因の1つだと思われます。

●米国企業は株主還元意識も高い

加えて、米国企業は株主への還元に対して積極的です。企業から株主へ利益を還元する方法にはいくつかありますが、米国企業は「株価を上げる」「配当を増やす（増配）」「自社株買いをする」の3つの手法で、投資家に報いようとします。

「会社は株主（投資家）のもの」という考えが強く、同時に、株主からの要求もシビアだからでしょう。

米国企業は日本企業に比べると、新株発行による資金調達（増資）をするケースが少ない印象もあります。増資をすると、1株あたり利益が低下して株価が下落するため、既存の株主は損をしてしまいます。

日本企業は経営不振によって増資に走りやすい印象があるのですが、米国企業ではその可能性が低く、比較的安心して株式を保有できます。

●米国企業の実績（株価の長期的な上昇）

こうしたさまざまな長所があるため、米国企業は過去数十年間、他国の企業と比較しても優位なパフォーマンスを示してきました。

一例として、米国の主要な株価指数であるS&P500と、日本の株価指

期間：1990年1月～2022年8月（1990年1月末を100として指数化）
※Bloombergのデータを基にマネックス証券作成
出所：マネックス証券サイト「S&P500とは？ NYダウとの違いやチャート比較でわかりやすく解説」
https://info.monex.co.jp/fund/guide/sp500-beginner.html

数である日経平均株価を比較した図を引用して示します。1990年1月末を100として指数化し、2022年8月までの推移を示したものです。

これを見れば一目瞭然。

日経平均株価が30年以上かけてもいまだに1990年の株価を回復できていないのに対し、S＆P500は同期間に12倍以上になり、最高値を何度も更新しています。

ITバブル崩壊やリーマンショックなどの大きな金融危機についても何度も乗り越えています。

株価の上昇は企業の成長を示します。**米国株の長期的な成長は日本株をはるかに凌駕してきた実績があり、長期間の投資をするならば日本より米国の株式**、という選択を裏打ちするデータと言えるでしょう。

こうした成長の結果として、**全世界の株式市場の時価総額をすべて合計したとき、そのうちの40％以上を米国株が占めている**、という現状もあります（ちなみに日本のシェアは5%ほどで、世界3位です）。

私自身、米国株（含む、投資信託・ETF）への投資を8年ほど続けていますが（投資歴は25年）、日本株への投資に比べてリターンが大きく、成長のスピードが速いことに何度も驚かされてきました。なぜもっと早く米国株への投資を始めなかったのかと何度も悔やんだほどです。

ちなみに**S&P500**とは、S&Pダウ・ジョーンズ・インデックスという米国の会社が、所定の計算式等に従って算出・公表している株価指数で、ニューヨーク証券取引所とNASDAQ（ナスダック）に上場している銘柄のうち米国を代表する500社で構成されているものです。米国株式市場の時価総額の約80%をカバーしています。

米国の株価指数として同様に有名な**ダウ・ジョーンズ工業株30種平均**（いわゆる「**NYダウ**」。構成銘柄数が30と少ない）や、**NASDAQ総合指数**（とくに新興市場の動向を反映する）よりも、米国の株式市場全体の動向をよく示す特長があります。

●覇権国の米国はまだまだ強い

米国企業の強さと同時に、国としての米国の強さにも安心感があります。

冷戦終結後の米国1強時代ほどの強さはもはやありませんが、それでも、**GDPは不動の世界1位**。軍事力でも、**世界最強の米軍には、まだまだ中国軍やロシア軍は逆立ちしても勝てないでしょう。**

人口減少に悩む先進国が多いなか、**移民の流入で人口増を維持できているの**も経済成長を支えます。

さらに、**国際貿易の基軸通貨としての米ドル**の強さもあります。こちらも最近は強さに多少の陰りがありますが、まだまだ他通貨の追随を許していません。

米国株へ投資する投資信託を買うことは、間接的に米ドル建ての資産を持つということですから、仮に日本円の価値が低下しても、その分、米ドルの価値が上がることで**為替面でのリスク分散**もできます。

●米国政府は経済政策の舵取りがうまい

さらに言えば、**米国政府の経済政策には、正直、日本のそれよりも信頼が置けます。**

少なくとも2000年以降、金融危機や景気後退が来ても、米国政府やFRB（米連邦準備制度理事会。米国の中央銀行にあたる）は速やかに対策を実行し、経済を立ち直らせてきました。

「失われた20年」を引き起こしてしまった日本の経済政策の舵取りより、よほど信頼できると私は感じています（アベノミクスは評価しています）。

このほか、元FRB議長だったベン・バーナンキ氏がノーベル経済学賞を受賞していることも、米国の経済政策が経済学的に見てもさほどおかしなことはしていない、という傍証の1つでしょう（そもそも、ノーベル経済学賞の受賞者の大半は米国人です）。

こうしたさまざまな強さを持つ米国の企業に投資することは、「自国だから」と漫然と日本企業に投資するより安心ですし、投資のリターンも大きくなる可能性が高いと私は考えています。

○ 米国以外の成長も取り込みたい人には全世界の株式

とはいえ、米国だけに投資先を限定することに不安を感じる方や、米国以外の国の成長についても自分の投資に取り込みたい、と考える方はいるでしょう。

その場合には、**全世界の株式に投資する投資信託**や、**先進国の株式だけに投資する投資信託**を選ぶこともオススメできます。

全世界の株式に投資する投資信託や、先進国の株式だけに投資する投資信託は、ある意味では究極の分散投資ができる商品です。どの国の株式に投資するかをそもそも選ばず、全世界の株式に投資するか、先進国の株式だけに投資する、という運用方針だからです。

全世界や先進国への投資を選んだ場合でも、米国株の占める割合が大きいので、米国株へ偏重した投資になるのもメリットです。

ただし過去のリターンの面では、米国株だけに投資する場合より劣る時

期が多いですから（それだけ、米国企業の成長力は圧倒的なのです）、その点についてはあらかじめ理解しておく必要があります。

●新興国の株式だけへの投資は避ける

一方で、損益通算や繰越控除ができないNISAでは、損をする可能性をできるだけ低く抑えなければなりません。

ハイリスク・ハイリターンな投資先となる新興国へ絞って投資するタイプの投資信託は、避けておいたほうが無難でしょう。

どうしても投資したい場合には、NISAではない特定口座などで投資することをオススメします。

ポイント

「つみたて投資枠」では、現代の資本主義社会の覇者である米国企業に重点的に投資できる投資信託を選びたい。全世界株式型でもOK。

03 インデックス型かつ分配金再投資型を選ぶ

長期投資においては、どの銘柄が将来的に値上がりするのかを正確に予測することは誰にもできません。また、分配金を出す投資信託では、自ら再投資しないと複利の効果を得られません。

○ インデックス型の投資信託を選ぶ

どの国に投資する投資信託を選ぶにしても、**NISAではインデックス型を選択しましょう。**

アクティブ型の投資信託も用意されているので選択できるのですが、長期投資が前提のNISAで、投資先を特定の人間が恣意的に選択するアクティブ型をあえて選ぶべき理由はとくに存在しない、と私は思っています。

投資経験数十年のファンドマネジャーが豊富なデータで分析して選び出した投資先のパフォーマンスも、目隠ししたサルにダーツを投げさせて決めた投資先のパフォーマンスも、長期的には変わらないとする有力な理論があります（ランダム・ウォーク理論）。

この理論に則れば、投資期間が長くなればなるほど、人為的な投資先の選択が有効になる確率は低くなります。**長期投資において、どの会社の株式が将来上がるのかを予測することは誰にもできない**ということです。

しかも、**アクティブ型のほうが運用に要する手数料が高い**ので、その面でも不利になります。

長期投資の場合には、**細かく投資先を選ぶよりも「全体の成長にかける」ほうがリターンが高くなる**とされています。まさに、その目的のためにつくられているのがインデックス型の投資信託です。

なお、インデックス型の投資信託は特定の指数に連動するように運用されますが、**米国株型の場合には「S&P500連動型」か「全米株式指数連動型」、全世界型や先進国型の場合には「MSCIやFTSEという会社の算出している指数に連動しているタイプの投資信託」**を選ぶとよいでしょう。

インデックス型とアクティブ型の違い

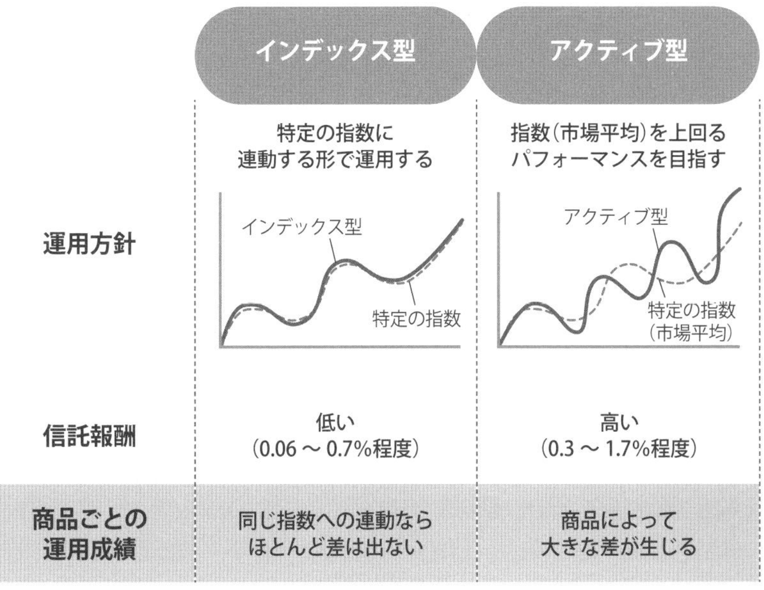

	インデックス型	アクティブ型
運用方針	特定の指数に連動する形で運用する	指数（市場平均）を上回るパフォーマンスを目指す
信託報酬	低い（0.06～0.7%程度）	高い（0.3～1.7%程度）
商品ごとの運用成績	同じ指数への連動ならほとんど差は出ない	商品によって大きな差が生じる

分配金を再投資するタイプを選ぶ

分配金の扱いについても注意する必要があります。

株式の場合に配当金が出るように、投資信託でも運用の成果を「**分配金**」として、一定の期間ごとに投資家に還元します。

この分配金について、現金として投資家に払い出すタイプの投資信託と、内部で元本に分配金を加算して再投資するタイプの2種類があるのです。

このうち、**新しいNISAの「つみたて投資枠」で利用したいのは、できるだけ分配金を出さずに再投資するタイプのもの**です。

分配金を受け取るタイプの投資信託だと、分配金が運用から外れてしまうので、そのままでは複利の効果を得られません。複利効果を得るには分配金を再投資しなくてはならないのですが、その際、少しとはいえ年間投資枠（＝年間の投資上限額）を余計に使うことになってしまいます。

一方、**分配金を投資信託の内部で再投資するタイプの商品であれば、**年

間投資枠には影響がありません。年間投資枠の計算はあくまで簿価、つまり「買ったときの金額」でされるためです。

たとえば「つみたて投資枠」の年間投資枠は120万円ですから、毎月10万円ずつ投資信託を購入すれば、きれいに12分割でき、無駄なく年間投資枠を使い切れます（ルール上は毎月同額である必要はありません）。

しかし分配金を受け取るタイプの投資信託では、分配金と新規資金を合わせて年間投資枠の120万円を使うことになり、投資効率が悪くなってしまうという具合です。

すでに高齢で、投資のリターンを手にするまでに長い時間待てない、という場合でもなければ、分配金を出すタイプの投資信託は選ばないようにしてください。

分配金再投資型と分配金受取型の違い

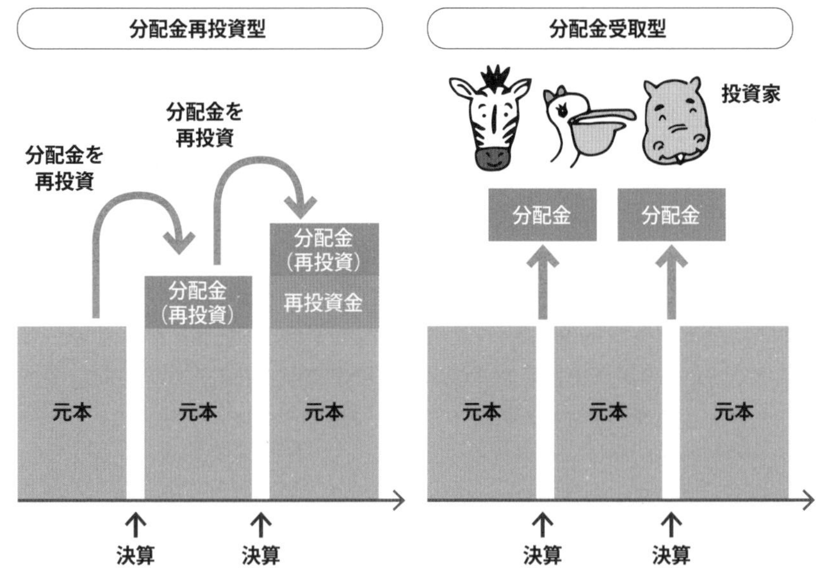

○ 銘柄をいくつか紹介

ここまでに解説してきたポイントを押さえて、いくつか具体的な商品名を紹介します。

ほとんどの銘柄は、Part1-5で使いやすい証券会社として挙げたSBI証券、楽天証券、マネックス証券のいずれでも購入可能です。

【米国株式型(S&P500連動型)】

- **eMAXIS Slim 米国株式(S&P500)**
- **SBI・V・S&P500インデックス・ファンド**
- **はじめてのNISA・米国株式インデックス(S&P500)**

連動指数：　S&P500（円換算ベース。以下同様）
概　　略：　世界最強を誇る米国企業のなかでも、エース級の500社に分散投資
米国比率：　100%

S&P500は、米国企業のエース級500社で構成される指数です。

S&P500をベンチマーク（＝運用目標となる基準）とするインデックスファンドは、新しいNISAの「つみたて投資枠」でも多く用意されています。

なかでも注目を集めているのが、**「eMAXIS Slim 米国株式（S&P500）」、「SBI・V・S&P500インデックス・ファンド」、「はじめてのNISA・米国株式インデックス（S&P500）」**の3本です。

この3つの商品は、S&P500をベンチマークとして運用されている点は共通していますが、運用会社が異なります。

運用会社は、eMAXIS Slim 米国株式（S&P500）が三菱UFJアセットマネジメント（三菱UFJフィナンシャル・グループ）、SBI・V・S&P500インデックス・ファンドがSBIアセットマネジメント（SBIグループ）、は

じめてのNISA・米国株式インデックス（S&P500）が野村アセットマネジメント（野村ホールディングス）です。どれも投資先は基本的に同じなので、いずれかを選べばそれでOKです。

2023年8月時点で、手数料（信託報酬・年率）はいずれも0.093％台となっており、非常に安いのも特長です。

【米国株式型（全米株式指数連動型）】

- **楽天・全米株式インデックス・ファンド**
- **SBI・V・全米株式インデックス・ファンド**

連動指数：　CRSP USトータル・マーケット・インデックス
概　　略：　世界最強を誇る米国企業の大半に投資できる商品。中・大型株から小型株まで幅広くカバーしている
米国比率：　100％

CRSP USトータル・マーケット・インデックスは、米国の株式市場に上場している大・中・小型株式の約4000銘柄で構成される指数です。

構成銘柄が多いため分散性が高く、**この指数に連動する投資信託を購入することで、米国の上場企業全体に網をかけるような投資ができます。**

運用会社は、前者が楽天投信投資顧問（楽天グループ）、後者がSBIアセットマネジメント（SBIグループ）ですが、投資先はどちらも基本的に同じなので、いずれかを選べばOKです。

2023年8月時点で、手数料（信託報酬・年率）は前者が0.162％程度、後者が0.0938％程度となっています。

【全世界株式型／オール・カントリー型】

● eMAXIS Slim 全世界株式(オール・カントリー)
● はじめてのNISA・全世界株式インデックス(オール・カントリー)

連動指数： MSCIオール・カントリー・ワールド・インデックス
概　　略： 先進国、新興国の時価総額上位約3000銘柄を対象にする。小型株は含まれません
米国比率： 約62%（2位：日本・約5.5%、3位：英国・約3.6%）

MSCIオール・カントリー・ワールド・インデックスは、2022年12月末時点で先進国23および新興国24の計47か国・地域の中・大型株、約3000銘柄で構成される指数です。

「eMAXIS Slim 全世界株式（オール・カントリー）」および「はじめてのNISA・全世界株式インデックス（オール・カントリー）」は、この指数に連動する投資成果を目指して運用を行う投資信託で、投資先はどちらも基本的に同じです。米国をメインに、日本を含む先進国および新興国の株式に分散投資できます。

2023年8月時点で、手数料（信託報酬・年率）は eMAXIS Slim 全世界株式（オール・カントリー）が0.05775%以内、はじめてのNISA・全世界株式インデックス(オール・カントリー)が0.05775%となっています。

● 楽天・全世界株式インデックス・ファンド
● SBI・V・全世界株式インデックス・ファンド

連動指数： FTSEグローバル・オールキャップ・インデックス
概　　略： 小型株を含む、先進国・新興国の9000銘柄以上を対象とする
米国比率： 約59%（2位：日本・約6.3%、3位：英国・約4.0%）

FTSEグローバル・オールキャップ・インデックスは、2023年6月時点で先進国25および新興国24の計49か国・地域の小・中・大型株、9000銘柄以上で構成される指数です。

先進国と新興国の株式に投資を行うところはMSCIオール・カントリー・ワールド・インデックスと同じですが、大型株や中型株のみならず、小型株も対象に含んでいるところが異なります。

紹介した2つの投資信託は、このFTSEグローバル・オールキャップ・インデックスに連動するように投資を行う投資信託です。

全世界の株式時価総額の約98%をカバーしているので、**小型株も含めて全世界の株式全体に投資したいときには便利**です。

上記2つの投資信託は運用会社が異なりますが、投資先はほぼ同じです。

2023年8月時点で、手数料（信託報酬・年率）は前者が0.195%程度、後者が0.1338%程度となっています。

【先進国株式型】

- **eMAXIS Slim 先進国株式インデックス**
- **ニッセイ外国株式インデックスファンド**
- **たわらノーロード 先進国株式**

連動指数：　MSCIコクサイ・インデックス
概　　略：　日本以外の先進国22か国・地域の中・大型株、約1300銘柄を対象にする。小型株は含まれません
米国比率：　約74%（2位：英国・約4.3%、3位：フランス・約3.6%）

MSCIコクサイ・インデックスは、2023年6月時点で、日本を除く先進国22か国・地域の中・大型株、約1300銘柄で構成される指数です。小型株は含まれません。

世界の株式に投資したいけれど、日本株や新興国株は外したい、という

場合にオススメできる投資信託です。

運用会社は、eMAXIS Slim 先進国株式インデックスが三菱UFJアセットマネジメント（三菱UFJフィナンシャル・グループ）、ニッセイ外国株式インデックスファンドがニッセイアセットマネジメント（日本生命グループ）、たわらノーロード 先進国株式がアセットマネジメントOne（みずほフィナンシャルグループ）です。どれも投資先は基本的に同じです。

2023年8月時点で、手数料（信託報酬・年率）はいずれも0.09889%となっています。

日本株には「成長投資枠」で投資するので、ここではあえて日本株を外した投資信託や、日本株をメインとしない投資信託を紹介しています！
FIRE

ポイント

条件に合致する投資信託の数はさほど多くないので、選ぶのは難しくないはず。自分の好みに合った投資先を選んでください。

04 自動積み立てで「ドルコスト平均法」をラクラク実践

買う投資信託を決めたら、価格の上げ下げは気にせず、毎月1回など同じ間隔で自動的に買い付けます。「つみたて投資枠」では買い方は自動積み立てのみなので、一度設定したら、あとはほったらかしでOKです。

○「買いどき」を探さず、1日も早く積み立てを始める！

どの投資信託に投資するのかを決めたら、その後はできるだけ早く積み立てを始めましょう。

投資信託には「**基準価額**」という値段がついていて、この値段は日々、変動しています。そのため少し価格が下がるのを待ってから投資しよう、などと思いがちです。

しかし「つみたて投資枠」で狙う複利の効果は、投資期間が長ければ長いほど大きく働いてくる性質があります。「日々の値動きをチェックして、もう少し価格が下がるのを待ってから投資しよう」なんて思っていると、待っているあいだに貴重な時間を浪費しかねません（機会ロス）。

思い立ったが吉日で、基準価額の変動は気にせずに、1日でも早く投資を始めるくらいの考え方でよいと思います。

ちなみに、日々の価格の変動を意識して、投資商品の「買いどき」を探る考え方を「**マーケットベース**」と言います。

新しいNISAの「つみたて投資枠」のような長期的な投資では、そうしたマーケットベースではなく、将来的なリターンを最大化するためにゴールから逆算し、計画的に投資を進めていく「**ゴールベース**」の考え方を採用することが大切です。ゴールベースの考え方については、別途詳しく解説します94ページ参照。

○ 一定の購入タイミングで定期的に投資するのがよい

基準価額の値動きを気にしないのであれば、どのように投資信託を買えばよいのでしょうか？

価格変動のリスクをできるだけ抑えるためには、**時間を分散させて、同じ金額で何度も小分けにして購入する**のがよいとされています。たとえば毎月10日とか毎週火曜日など、投資信託を買う日をあらかじめ決めておいて、その予定どおりに淡々と買っていけば、**長期的に見れば価格変動の影響は分散されて、無視できるようになる**というわけです。

仮に年間投資枠の上限額である120万円を毎年「つみたて投資枠」に投入しようと思うのなら、毎月同じ日に10万円ずつ買って、年間の合計購入金額が120万円になるようにするのが明快でしょう。

同じく毎週に分散させて購入したいのであれば、１年間は52週ですから、120万円÷52週＝約2万3077円で、毎週約2万3000円ずつ購入していきます。

投資信託は主要なネット証券では100円以上・1円単位で売買できますから、細かく分割して購入することも問題なく行えます。

まとめて買わずに時間を分散させるとよい

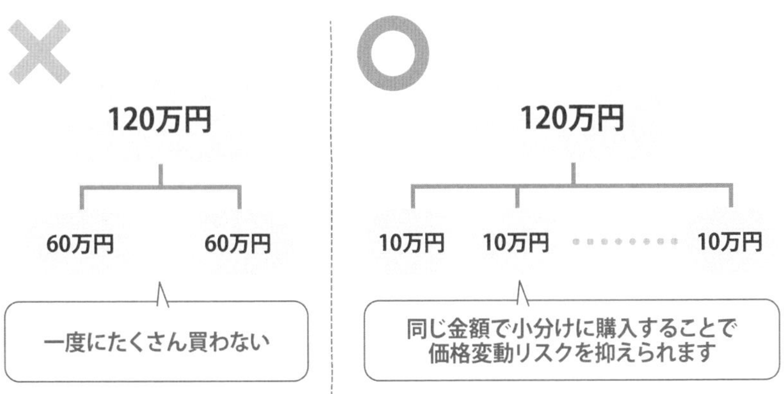

※「つみたて投資枠」ではルール上、最低でも年2回に分散する必要があります。ただし、現状では多くの金融機関が「年12回（毎月）」以上のつみたて設定のみ可能としています。
※必ずしも、年間投資枠の上限額である120万円を投資する（枠を使い切る）必要はありません。

このような買い方を、「**ドルコスト平均法**」と言います。高値づかみのリスクを低減させられる買い方として、投資の世界ではよく知られた手法です。

●ドルコスト平均法の効果を事例で検証

実際にドルコスト平均法によって価格変動リスクがどのように抑えられるのか、Gさんが毎月同じ日に4万円ずつ、ある投資信託に積み立て投資していく事例で確認してみます。

積み立て開始時の基準価額は4000円だったので、Gさんは4万円÷4000円で、10口の投資信託を買うことができました。平均購入単価は4000円です（❶）。

ところが翌月、この投資信託の基準価額が5000円に上昇すると、Gさんは4万円÷5000円で8口しか購入できませんでした。

それまでに購入した合計18口の投資信託の平均購入単価は、8万円÷18口＝約4444円となります（❷）。

前月よりは価格が上昇していましたが、前回の購入時と均して考えれば、足元の価格よりは安く購入できていることになります。

ドルコスト平均法の例

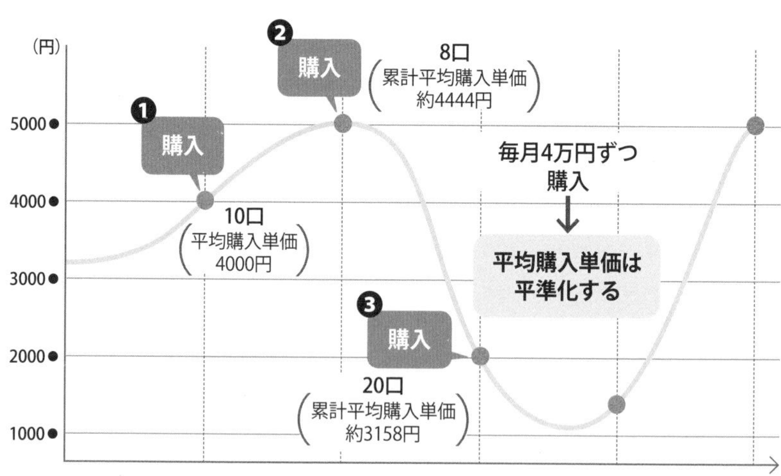

さらに翌月、今度は基準価額が一気に2000円まで下落したとします。この月にも4万円分を購入しますから、4万円÷2000円で20口も購入できました（❸）。

これまでの合計38口の平均購入単価は、12万円÷38口＝約3158円となりました。

安くなったところで多くの口数を買えたので、これまでの平均購入単価を下げることができました。

実際には投資信託の値動きはもっと緩やかなので、ここまで急激な値動きをすることはそうそうありません。わかりやすくするために、あえて極端な例で説明しました。

ドルコスト平均法を使うと、日々の値動きで価格が高くなったときには口数を少なく、逆に価格が安くなったときには多く買うことができます。価格が安くなれば多くの口数を購入でき、価格が高くなれば資産が増えるため、どちらでも嬉しく感じられてメンタルにも優しいでしょう。

そして、**2023年末までの「つみたてNISA」や、2024年以降の新しいNISAの「つみたて投資枠」では、基本的に自動積み立ての形でしか投資信託を購入できないようになっていますから、これといって意識しなくても、このドルコスト平均法を実践した購入ができる**という大きなメリットがあります。

最初に購入間隔（頻度）や購入日などの設定をすれば、あとはほったらかしにしておくだけで、普段の生活では投資のことを意識すらしていなくても着実に定期的な積み立てができます。それによって価格変動リスクも抑えられるのですから、やはり、思い立ったら吉日で積み立て投資は1日も早く始めるのがベストと言えるでしょう。

毎月1回以外の購入間隔を設定できる証券会社もある

「つみたて投資枠」の自動積み立てを始める際、証券会社によっては毎月1回以外の購入間隔を選べます。

たとえばSBI証券では「毎週」や「毎日」の購入を選択することが可能

なため、より頻度を多くした積み立て投資が可能です。

大和証券では、逆に「隔月」「3か月に1回」「4か月に1回」「6か月に1回」と、毎月1回より長い間隔での積み立てを選ぶことができます。

購入間隔にはとくに正解はないので、好みや必要性に応じて選べばよいでしょう。ただし、毎月1回よりも購入間隔を長くするのは、ドルコスト平均法のメリットが薄れますので、あまりオススメしません。

また毎月1回を選択した場合に、ボーナス月のみ20万円でその他の月は5万円（年間90万円）といったイレギュラーな設定も、証券会社よっては可能です。

加えて、**各社の自動積み立てサービスでは、その証券会社が提携しているクレジットカードを利用して積み立てることで、クレジットカードのポイントを貯められるようになっていることもあります。**そうした証券会社を利用すれば、よりお得に積み立て投資を実践できるでしょう。

たとえば前にオススメした3つのネット証券では56ページ参照、楽天証券は楽天カードを利用した積み立てで楽天ポイントが、SBI証券は三井住友カードでVポイントが、マネックス証券はマネックスカードでマネックスポイントが貯まります（2023年8月時点）。

それぞれクレジットカードの種類によってポイント還元率が変わりますので、自分に合った方法、よりお得な方法を模索するのもよいと思います。ただし、あまりポイントだけにこだわりすぎず、自身が使いやすい証券会社を総合的に判断して選んでください。

○ 定期的な自動入金サービスなども活用できる

クレジットカードを利用しない場合であっても、**積み立て投資をするための資金が自動的に銀行から証券会社に振り込まれるサービス**が用意されていることもあります。

たとえばSBI証券では、「積立代金自動振替サービス」という仕組みが用意されていて、指定した銀行口座から毎月・毎週など、自動的に無料で積み立て用の資金が証券口座に振り込まれるように設定できます。マネックス証券にもほぼ同じ内容の「定期自動入金サービス」があります。

楽天証券は同グループの楽天銀行との連携に力を入れています。楽天証券の口座に資金が足りないときには、楽天銀行の口座に入っている資金を自動的に楽天証券での積み立てなどに利用できる「自動入出金（スイープ）機能」があります。同様のサービスは、SBI証券と同グループの住信SBIネット銀行とのあいだでも用意されています。

このほかにも各証券会社が独自にさまざまなサービスを用意しています（たとえばマネックス証券では、積み立て投資の金額設定を変えると、定期自動入金の毎月の設定金額を同時に変えてくれるサービスなどが用意されています）。

面倒臭さを感じることなく、自動的な積み立て投資ができる環境が整っているのも、NISAの「つみたて投資枠」の強みと言えるでしょう。

これは
便利
一度設定
すれば
あとはお任せ！

ポイント

「つみたて投資枠」では自動積み立てでしか投資できないので、価格変動リスクは自然に抑えられます。いつ始めても大きな違いはないので、早く始めて、複利効果を得られる期間を最大化しましょう！

05 いくらずつ、何銘柄に積み立てればいいの?

定期的に積み立てる金額はどれくらいにすればいい?
何銘柄に積み立てる?　含み損になってしまったら、どうしたらいい?
細かい疑問についても解説しておきます。

○ 毎月の投資金額はゴールから逆算して決める

「つみたて投資枠」では、ここまで説明してきたように自動積み立てで無理なくドルコスト平均法を実践していくのが基本です。

その上で、どれくらいの目標金額を設定して資産形成を進めていくのかは、みなさん自身がゴールベースで考え、決めてください（決めるのは生涯の目標金額です。若い人は10年後の目標金額でもかまいません）。

非課税になる限度額がありますから、「成長投資枠」をどの程度使うかによっても「つみたて投資枠」で使える金額は変わってきます。「成長投資枠」を使わないのであれば最大1800万円、フルに使うのであれば600万円を「つみたて投資枠」に使えます。**みなさんの「つみたて投資枠」の非課税保有限度額（総枠）（＝生涯の投資上限額）は600万～ 1800万円のどこかになる**、ということです。

この金額を念頭に置きつつ、自身のライフプランや老後の資金計画に合わせ、目標金額とそこまでの残り時間を割り出し、毎月・毎週いくら積み立てていく必要があるのかを計算します（その際には、複利5%で計算するのが目安です。ネット上で複利の計算をしてくれるサイトもあります）。

これが、「ゴールベースで考える」ということです。

○ 選ぶ銘柄は1つだけで、分散投資はしなくてもOK

Part2-3で具体名を出して紹介した投資信託は、どれも**その投資信託のなかだけで十分に分散が効いています**。したがって、1つ選ぶだけでかまいません。

どの投資信託でも米国株が大きな割合で投資先に設定されています。そのため、複数の投資信託を選ぶと米国株への投資がかぶってしまうことで、バランスの悪い投資になってしまう恐れがあります。

自分の好みに合わせて、紹介した投資信託からどれか1つを選択し、その商品に積み立てしていくだけでOKです。

個別株のような「損切り」は不要

長期間、積み立て投資を続けていると、株式市場全体の値動きなどにつられて投資信託の基準価額が変動し、値下がりによって含み損を抱えしまう可能性があります。

もし、一時的に含み損になったとしても、「いますぐに売らなきゃ！」と焦る必要はまったくありません。**投資信託の長期投資の場合、基本的に損切りは不要**ですから、黙ってやり過ごせばいいだけです。

むしろ、**せっかく育てている資金を、焦りから不用意に売却して現金化しないように気をつけてください。**

とくに積み立てを始めて数年のうちは、複利の効果がまださほど効いていないために、市場での値動きの影響で一時的に含み損の状態になることは結構あります。

しかし、そのまま動じずに積み立てを続けていると、時間の経過とともに複利の効果が大きくなってきて、市場での値動きの影響が相対的に小さくなっていきます。

いずれ含み損がなくなり、含み益の状態が続くようになることが多いですから、決して焦らず、淡々と積み立てを続けることが重要です。

ポイント

積み立てる金額は、ゴール時の目標金額から逆算して出せばOK。投資信託は1つだけ選んで投資し、一時的に含み損になっても焦らずに積み立てを続けよう！

Part 2 「つみたて投資枠」では世界の成長を取り込もう!

「つみたて投資枠」では、金融庁の基準を満たした投資信託にしか投資できないが、さまざまなタイプの投資信託が用意されている。

どの投資信託を選ぶかは自由だが、本書では米国株か全世界の株式に投資するタイプの商品を選ぶことをオススメする。

米国株をイチ押しする理由は、米国企業の成長力、イノベーションを起こす力、ブランド力などが日本や他国の企業に比べて圧倒的に強いため。

手数料が高いアクティブ型の投資信託は避けて、インデックス型の投資信託を選ぼう。
分配金を再投資するタイプを選択すること。

投資先を選んだら、あとは自動積み立ての設定をして、ほったらかしにすればOK。
価格変動リスクを抑えるドルコスト平均法を自然に実践できる。

自分にとって、いつまでにいくら必要なのかを「ゴールベース」で考え、逆算して投資する金額を決める。

日々の値動きに伴って、積み立てている資産が含み損の状態になることもあるが、投資信託の長期投資では損切りは不要なので、気にしない。

Part 3

「成長投資枠」では
高配当株・増配株・ETFで
「じぶん年金」をつくる!

「つみたて投資枠」に比べ制約が少ない「成長投資枠」では、
自由度の高い環境を活かし、
高い配当利回りの実現を目指しましょう!
優良な個別株やETFの選び方、その他さまざまな
選択肢を詳しく解説します。

自由な「成長投資枠」では「じぶん年金」をつくりつつ、値上がりも目指す！

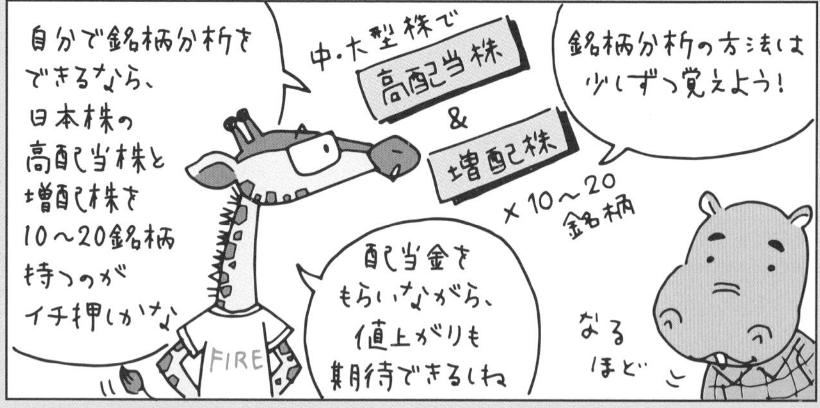

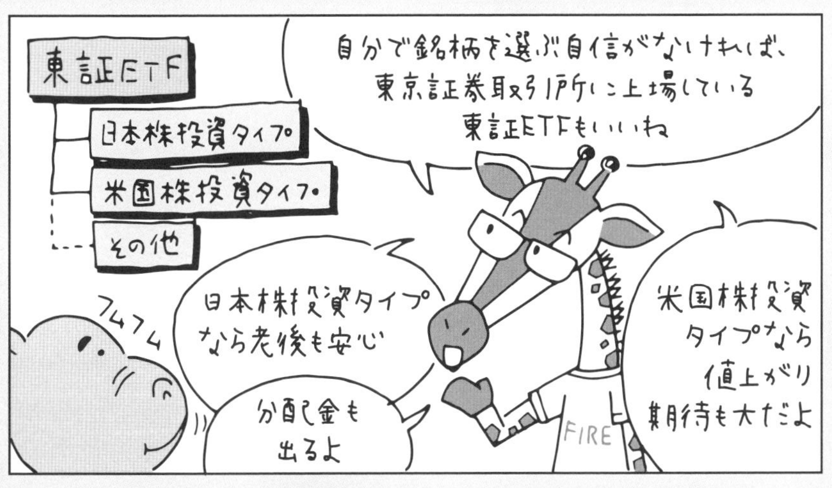
東証ETF
日本株投資タイプ
米国株投資タイプ
その他
自分で銘柄を選ぶ自信がなければ、
東京証券取引所に上場している
東証ETFもいいね
米国株投資
タイプなら
値上がり
期待も大だよ
日本株投資タイプ
なら老後も安心
分配金も
出るよ
フムフム
FIRE

「つみたて投資枠」
みたいな
投資信託は？
う〜ん
個人的には
あんまり……
だって、それなら
「つみたて投資枠」
だけでよくない？

あるいは、どうしても
もっと積極的な投資が
したければ、米国市場に
上場している米国ETFか
米国株を混ぜても
いいかな
ふ〜ん
U・S・A！

年を取ると、こまめに
資産を取り崩していくのは
意外に大変だから、
ほったらかしでもお金が
入ってくる仕組みを
つくろう！
何を選ぶにしても、
「成長投資枠」での投資は
将来の「じぶん年金」を
つくることがポイント！
配当金の最大化を
目指すんだ
大丈夫？
年金の足しに
するために、
配当金や分配金が
定期的に受け取れる
商品がいいよ！
ヨボ
ヨボ
詳しくは
次ページから

01 高配当株と増配株で「じぶん年金」をつくろう！

「成長投資枠」は、老後に不足する生活費対策のために使うのがオススメです。高配当株や増配株を複数組み合わせ、配当金を継続して得られるようにするのが基本戦略。目指すは配当金の最大化です。

○ 「成長投資枠」は自由度が高い分、使い方に迷いがち

あらかじめ用意されている投資信託しか買えない「つみたて投資枠」に比べ、「成長投資枠」ではより自由度の高い投資が行えます。

投資対象は**上場株式**、**ETF［上場投資信託］**、**REIT［不動産投資信託］**、そして**投資信託**です。

つまり日本株や東証ETF、投資信託はもちろん、REITや外国株、海外ETFなどにも投資できます。

また**「成長投資枠」は利用しないで、「つみたて投資枠」だけで非課税保有限度額（総枠）の1800万円を使い切る**という選択もできます。

「成長投資枠」での投資対象

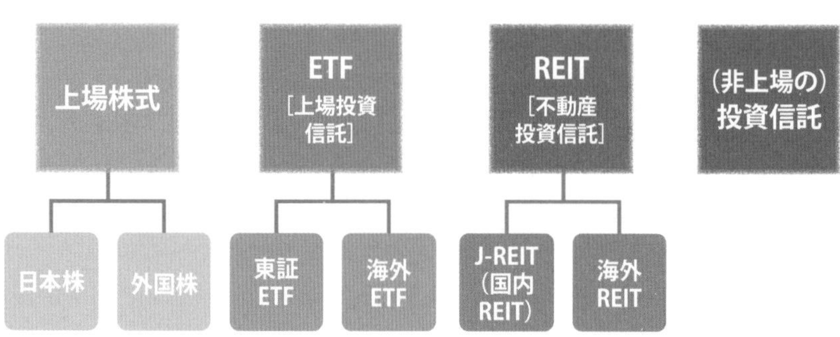

このように、みなさんが自由に使い方を選べる「成長投資枠」ですが、投資初心者はかえってその自由度の高さのために、「成長投資枠」をどう使っていいかわからないと感じるケースが少なくないはず。自由だからとうかつな銘柄選択をして、含み損を抱えたり、損切りを強いられたりしてはかないません。

そのような失敗をしないためには、**「成長投資枠」をみなさんの老後の生活費不足を解決する「じぶん年金」用の受け皿として活用するのが最適**だろう、と私は考えています。出口戦略から逆算した投資です。

○ 配当収入を生み続ける仕組みを自分でつくる

Part1-3やPart2-1でも述べましたが、「つみたて投資枠」での長期投資によって形成した資産を、どこかの段階で「成長投資枠」に移し、非課税の恩恵を受けながら定期的に配当金を得る仕組みをつくりましょう。

配当金のよさは、定期的に自動で入金されることにあります。その額がおおよそ読めること、再現性が高いこと、持続可能なことも特長です。株式を売買して儲け（譲渡益）を狙ったり、投資信託のように取り崩したりする必要はありません。老後も安心です。

基本戦略は、個別株を買うことができる「成長投資枠」の強みを活かし、**配当利回りが高い中・大型株の「高配当株」、さらには過去に増配を何度も繰り返していて、将来的な「じぶん配当利回り」の上昇を高確率で見込める「増配株」を複数保有すること**です。これにより、**リスクを分散しつつ定期的な配当収入を実現させ、同時に株価の上昇も狙えます。**

なお、**このとき保有する銘柄は10～20程度が適当**でしょう。たとえば20銘柄保有すれば、仮に1銘柄が暴落して株価が半分になったとしても、全体への影響は2.5%にすぎません（10銘柄の場合は5%）。

個別株であれば自分で投資先をすべて選べますし、株主として株主総会に参加したり、株主優待があればその権利を得られるなど副次的なメリットもあります。

一方で、自分で銘柄分析を行い、買い付ける株式を探さなければならない面倒があります。決算情報やIRリリースをチェックするなど、保有期間中もそれなりに手間がかかることなどはデメリットと言えるでしょう。

こうしたメリットとデメリットを比較してよく吟味し、「成長投資枠」での投資先を決めていきます。個別株にこだわらず、優良なETFへの投資を選ぶこともできますが、**個別株は売買手数料を除けば保有期間中に手数料がかかりません**から、ETFよりも低コストです。

○ 20銘柄の高配当株と増配株で老後の生活は安泰!

たとえば「成長投資枠」の上限1200万円をフルに活用して、主に日本株への投資を行ったとしましょう。銘柄数は全部で20、配当利回りが平均4%は得られる企業の株式を選び、セクター(業種)を分散させつつ購入したとします。

これだけでも、1200万円×配当利回り4%=48万円で、年間48万円、平均して月4万円の配当収入が得られます。ある程度はリスクの分散もできていますし、NISAですから当然この配当金は非課税です。

売却益は狙わないので、あとは突然に大幅な値上がりをしたり、もしくは大きな不祥事や業績不振が継続しない限りは売ることもなく、基本はそのままほったらかしにします。**それだけで、死ぬまでずっと配当金をもらえる可能性が高い「じぶん年金」の出来上がり**です!

加えて**こうした銘柄は、長く保有することで企業の成長に伴い増配して、前述した「じぶん配当利回り」が上がっていくことがよくあります**(そのため、投資時の配当利回りは必ずしも4%にこだわる必要はありません)。

仮に簿価1200万円の保有資産の「じぶん配当利回り」が将来6%にまで上がれば、1200万円×じぶん配当利回り6%=72万円ですから、年間配当額は72万円、平均して月6万円を非課税で受け取れるようになります。こうした「じぶん配当利回り」の上昇は、インフレ対策の面でも大きな意味があるでしょう。

リスクを語れば、20ある保有銘柄のうちいくつかが、社会情勢の変化や技術革新による業績悪化で無配に陥ったり、万一の場合には倒産したりする可能性を100%は否定できません(不安なら20銘柄より多くしても可)。

しかし、保有銘柄のすべてが一度にそうした危機的状況に陥る可能性は考えにくく、年に1～2回、投資先の状況をチェックして、業績の悪化し

高配当株＋増配株パターンの基本イメージ

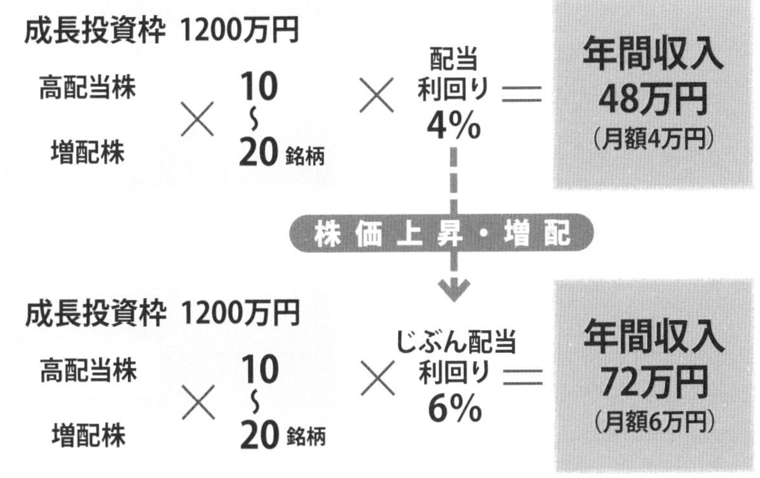

てきた銘柄があれば入れ替えることで十分に対応できるでしょう。

いわゆる「老後2000万円問題」の老後資金の不足額は月5万円程度です。「成長投資枠」をうまく使えば、それだけでこの不足額の対策ができるのです。

●年金額が少ない場合には特定口座も併用する

早期退職を希望する方や、フリーランス・自営業者などの場合には、定年まで雇用されて働く場合に比べ公的年金の額が少なくなります。その分、「じぶん年金」を多めに積み上げておく必要があります。

たとえば私の場合、47歳でFIRE（早期退職）した関係で、公的年金の額は月額11万円程度になりそうです（ねんきんネットにて試算）。

生活スタイルなどにもよりますが、毎月の生活費として20万円程度あれば、老後の備えとしてとりあえずは足りるだろうと考えられます。

ということは、20万円−11万円で毎月9万円程度の配当収入が必要です。

平均配当利回りを4%として逆算すると、およそ3100万円の「じぶん年金」があれば、月額9万円程度の配当収入を得られる計算となります。

新しいNISAの「成長投資枠」は最大1200万円までなので、元本3100万円のうち1900万円分は特定口座等を利用することになります。特定口座での配当金には20.315%の税金がかかります。前ページの金額は、この税金も計算に入れて算出したものです。

特定口座等併用の場合のイメージ

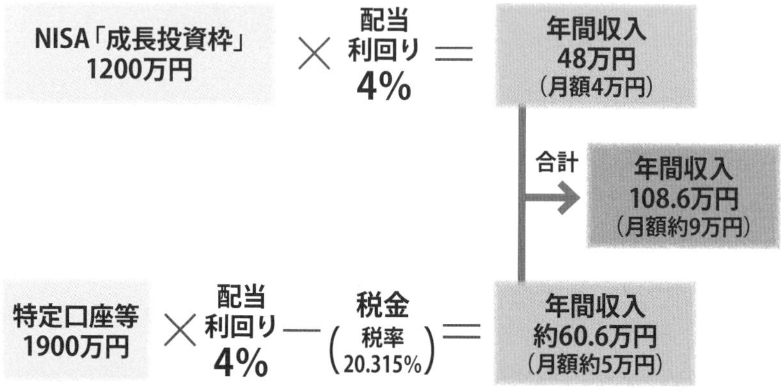

こうしたケースでは、定年まで働く場合より必要な「じぶん年金」の額が大きくなります。**早い段階から積み立て投資に取り組んで、まとまった資産を用意しておく必要がある**とあらかじめ認識しておきましょう。年金が出る65歳くらいまでの生活費を別途計算に入れておくことも忘れないでください。

ちなみに私の場合、老後にシニアマンションへの移住を希望していますから、「じぶん年金」をさらに増やし、配当金や分配金を毎月25万円は得られる状態にすることを目指しています。

○「つみたて投資枠」から資金を移さなければならない理由

長期投資で積み立てた資金を、「つみたて投資枠」に入れたままではなぜダメなのか、についても説明しておきます。

まず「つみたて投資枠」での投資の際には、複利効果を得るために分配

金をファンド内で再投資するタイプ（分配金再投資型）の投資信託を選ぶようオススメしてきました81ページ参照。そのため、**そのままでは定期的な分配金の収入を得ることができません。**

生活費の足しとして積み立てた資金を利用するには、その都度、投資信託の一部を売却する必要があるわけです。

しかし、老後資金が必要となる年齢になれば、私たちの多くは加齢により思考力や判断力が落ちています。パソコンやスマホなどの各種機器の操作も危うくなっています。

いまの自分が思っているようには、将来の自分はスムーズに売却の手続きができない可能性がかなり高いのです。

また、一部を売却しようとしたときに、相場が大きく下げていたりすると冷静に売却できない恐れもあります。

人は若いとき、自分が「老いていく」ことを想像できないものです。しかし、こと投資に関しては「いずれ老いる自分」を想定することが大切だと私は思います。

将来の「自分の老い」も念頭に置き、**面倒な操作や判断をしなくても自動的に配当金が発生する**メリットを重視した結果として、「つみたて投資枠」から「成長投資枠」に資金を移し、分配金再投資型の投資信託を高配当株や増配株に買い替える戦略を私はオススメしているのです。

決算報告などが英文で記述される米国株ではなく、日本株を選んでいるのも、同じく加齢による思考力や判断力低下への対策です。

これら投資の「**出口戦略**」については、Part4でも詳しく解説します。

ポイント

老後資金の不足をカバーするには、定期的な配当収入がベスト。「成長投資枠」で日本の高配当株や増配株を分散保有するのは、有力な選択肢の1つです。

02 「成長投資枠」で投資すべき高配当株・増配株の探し方

長く保有できる個別株を選ぶには、多様な視点からの銘柄分析が欠かせません。時価総額での絞り込みや配当分析、チャート分析、ビジネス分析、ファンダメンタルズ分析などで投資する会社を探します。

○「おけいどん式」銘柄選択・分析法

「成長投資枠」では、安定した高配当株や増配株に分散投資するのが基本戦略です。投資すべき銘柄の探し方を紹介していきます。

ただしここで説明するのは、私自身が行っている銘柄選択・分析法で、私にとってはこの流れがやりやすいのですが、人によっては順番を入れ替えたり、分析内容を変更したりしたほうが作業がスムーズになることもあるでしょう（私自身、あえて順番を崩すことがあります）。

必ずしも、この順番や内容を厳密に守る必要はありません。

たとえば長期チャートを確認して、株価が長期的に下落していく「下降トレンド」であれば投資候補から除外してもかまいませんし、配当利回りからスクリーニングしてもかまいません。私の選択・分析法を参考にして、自分にとってやりやすい方法を見つけてください。

○「時価総額」で投資対象を中・大型株のみに絞る

私の場合、まずは時価総額にこだわります。

日本株では「大型株（TOPIX構成銘柄で時価総額と流動性が高い100位以内）」および「中型株（同101 ～ 500位）」のうち上位の銘柄のなかから選択します。**時価総額はおおむね1兆円以上を目安**にしています。

これらの中・大型株は、経営が安定している企業が多く、また株価の値動きが比較的マイルドだからです。逆に時価総額が小さくなればなるほど、株価の値動きは激しくなる傾向があります。

損益通算や繰越控除ができず、長期的な資産形成を通じて「じぶん年金」

をつくることを意図するNISAの投資では、「負けない投資」をすることが非常に重要です。そのため、値動きが激しい小型株は最初の段階で除外しています。

各証券会社のサイトで「**スクリーニング**」の機能を使うと、時価総額や市場、配当利回りなどを基準にして一定の銘柄を絞り込めます。こうした機能を活用して、まずは中・大型株だけに投資候補を絞り込みましょう。

スクリーニング機能の一例：SBI証券「銘柄スクリーニング」

検索条件選択　Myスクリーナーに保存　検索結果表示 OFF
該当銘柄 401 件　全条件をクリア
基本情報　財務　コンセンサス 1　株価パフォーマンス 1　テクニカル　その他
検索

市場	☑東証P (380)	☑東証S (19)	☑東証G (2)
	□東証ETF (0)	□東証REIT (38)	□地方市場 (1)
	□その他 (0)		
	□すべて選択する		
規模	☑大型株 (30)	☑中型株 (111)	☑小型株 (260)
採用指数	□日経225	□TOPIX100	□JPX日経400
業種	☑水産・農林業 (0)	☑鉱業 (2)	☑建設業 (28)
	☑食料品 (5)	☑繊維製品 (4)	☑パルプ・紙 (1)
	すべての業種を表示する		
	☑すべて選択する		

出所：SBI証券サイト「銘柄スクリーニング」　https://site2.sbisec.co.jp/

多角的に「配当分析」を行う

次に、絞り込んだ候補銘柄の「**配当利回り**」「**増配率**」「**連続増配年数**」「**減配履歴の有無**」「**配当性向**」「**株主還元方針**」の6つを確認して、多角的な配当分析を行います。

「成長投資枠」の投資では、「じぶん年金」を構築するために高い配当利回りが重要です。この部分はとくに念入りに分析や検証を行いましょう。

●配当利回り

「配当利回り」についてはスクリーニング機能を使えるので、ランキングを出したり一定の数字以上で絞り込んだりして、できるだけ高い銘柄を探しましょう。

ただ、「配当利回り」は高いことが理想ですが、株価の状況や業種等によっても数字が変わるので、具体的な目安の数字を出すことがなかなか困難です。

できれば3～4%はほしいところですが、**ある程度時価総額が大きく、業績もよい企業であれば、2%台でもお買い得**ということもあります。

少なくとも配当利回り2%未満の銘柄については、連続増配が期待できるなど何か特段の理由がなければ、除外するほうがよいでしょう。

●増配率

「増配率」とは、前年の配当金に対して、本年の配当金がどれだけ増えたかを示す指標です。

たとえば本年の配当予想が110円、前年実績が100円であれば、増配率は10%となります。

もちろん**増配率は高ければ高いほど望ましい**です。

増配率については、ネット証券の各銘柄のページなどでもあまり表示されていないので、前年の配当金額と本年の配当予想を比較し、**基本的には自分で算出する必要があります。**

投資雑誌の記事で増配率のランキングが組まれることもあるので、そうした情報を参考にするのもいいでしょう。

多くの銘柄について配当金の推移を調べられる個人運営や企業運営のサイトもありますから、それらを利用して増配率を計算するのもよいと思います。

ただし**情報については、情報源の信頼性がどの程度か、常に確認する意識を持つ**ようにしてください。実際に投資する前には、その情報が本当に正しいのかどうか必ず自分でも証券会社のサイトや会社四季報、企業の公式サイト（これがもっとも信頼できます）などで確認しましょう。

●連続増配年数

「連続増配年数」は、何年連続で増配が続いているかを示す数値です。当然ながら年数が長いほど優良な増配株となります。

過去の配当金については、証券会社のサイトや会社四季報で確認できます。とくにマネックス証券では過去10年程度まで配当履歴を確認できるため、連続増配年数をチェックするのに便利です185ページ参照。

また増配率を調べるときと同様に、各種サイトで配当金の長期推移を確認できる場合がありますし、投資雑誌の記事や投資関連書籍などで連続増配年数が長い銘柄を紹介していることもあります。

これらの情報については裏取りが必要です。一番確実なのは、それぞれの企業の公式サイトのIRページ（投資家向けページ）で確認することです。

本当に有用な情報というものは、お手軽にネット検索できるものではなく、自分で手を動かして調べることで入手できます。まずはできる範囲からでよいので、自分で情報を確認するクセをつけるようにしましょう。

●減配履歴の有無

私の場合、**たとえ増配が止まったとしても、配当金を前年より減らす「減配」をしていなければよしとしています。**

連続増配年数の確認と合わせて、過去5～10年間における減配履歴の有無についても調べるようにしましょう。

そのくらいの期間内に減配した事実があるようであれば、今後も状況によっては減配する可能性があると判断できます。

ただし減配理由が非常に特殊なもので、それ以外の年には影響がないだろうと納得できるようなものであれば、問題視しません。近年ではコロナショックがそれにあたります。

●配当性向

「配当性向」は、**企業が当期利益のうちどれだけを配当金の支払いにあてているか**を示す指標です。

1株あたり配当÷1株あたり利益（EPS）×100で計算できます。

配当性向があまりに高いと、無理な配当をしていることになり、場合によっては近い将来に増配が止まったり、減配したりするリスクがあります。そのため、**配当性向は50%以下が安全圏**と考えてください。

逆に配当性向が低すぎれば、企業の株主還元への姿勢が十分ではないと判断できます。

米国企業では、稼いだ利益を新規事業や設備投資にあてつつ、残りはほぼ全額を株主に還元（配当もしくは自社株買いに利用）することが多く、意味もなくお金を貯め込むことはしません。

対して、日本企業では株主に還元しつつも内部留保として企業内に貯め込むことが多いように感じています。**配当性向は日本株では「30%以上、50%以下」くらいが適正な範囲**でしょう。

配当性向についても、証券会社のサイトで、配当金の推移などが掲載された画面で確認できることがあります。

●株主還元方針

企業の公式サイトや中期経営計画に「株主還元方針」もしくは「配当方針」が記述されていますから、それらも確認しましょう。

「累進配当」や「持続的な増配」といった増配に前向きな記述があれば、評価に値します。

このように、6つの異なる視点から気になる銘柄の配当を1つひとつ分析していくことで、「じぶん年金」として活躍してくれそうな高配当株・増配株を探していきます。

なお、いくつか目安の数字を示しましたが、**すべての指標で完璧な銘柄はそうそうありません。そういう銘柄は人気化して株価が上昇するので、とくに配当利回りは低下していることが少なくありません。**

配当利回りについては、企業業績がよくて連続増配しており、しかもその増配率が高ければ、長期間保有することによってもともとの投資額に対する配当利回り＝「じぶん配当利回り」が高まっていくことも念頭に置くべきでしょう。

いまは配当利回りが多少低くても、あえて投資対象にする、といった総合的な判断があってもよいと思います。

もちろん配当利回りが高く、かつ連続増配しており、しかも増配率が高い銘柄を見つけられればそれがベストです。そんな銘柄を保有できれば、増配株の魅力を存分に味わえるでしょう。

○「チャート分析」で長期トレンドを確認する

時価総額と配当分析で絞り込んだ投資先候補について、長期チャートも確認してトレンドの分析を行います。

「**トレンド**」とは、その銘柄の株価が値上がりしているのか、値下がりしているのか、あるいは横ばいか、といった株価の傾向を示す言葉です。

こうしたトレンドは**短期のものは信頼できません**。しかし、**ある程度スパンが長いトレンドは強い影響力を持ちます**。市場参加者の多くがそのトレンドを意識するため、株価に影響を及ぼすからです。

長期トレンドの基本４パターン

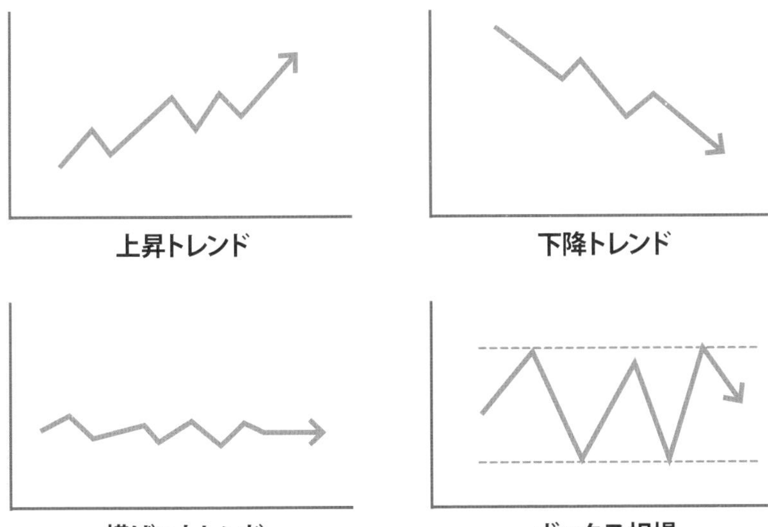

「つみたて投資枠」における長期投資では、ドルコスト平均法による投資信託への自動積み立てを行いますから、マーケットベースな判断は基本的にしません。対して、「成長投資枠」の投資では個別株への分散投資を行い、ドルコスト平均法を使うわけでもありませんから、最低限のチャート分析は取り入れるべきでしょう。

具体的には5年チャート、もしくは10年チャートを見ることにしています。**これらの長期チャート上で株価が明らかな下降トレンドを描いているなら、その銘柄への投資は見送ります。**長期のトレンドは簡単には変わらないからです。

上昇トレンドの銘柄であればベストですが、**成熟企業で高配当であれば、チャートが横ばいであってもかまわない**でしょう。

また、「ボックス相場」と言って、決まった範囲内で株価が上下するトレンドがあります。この場合は、株価がもっとも安くなる「安値」付近のタイミングを待ってから買い付けるようにします。

○「ビジネス分析」を行い、今後も儲かる会社か確認する

その会社が事業を行っている市場が拡大しているかどうか、持続的に儲かる事業かどうかも調べます。

投資先企業が事業を行っている市場が拡大していないか、縮小しているようであれば、今後いま以上に売上や利益を伸ばすことは難しいと判断できるでしょう。そのような業界や企業には投資すべきではありません。

また、**今後も持続的に儲けられる事業をしているかどうか**も極めて重要です。どんなに配当利回りが高く、増配していて、時価総額が大きい企業でも、時代の変化に対応できておらず今後の事業の展望が持ちにくいのであれば、投資先からは外すべきでしょう。

株価は企業価値で決まります。価値のない企業や、今後、価値がなくなるかもしれない企業に投資しても株価は上昇しません。お金と時間の無駄使いになってしまいます。

「市場の拡大」と「持続的に儲けられる事業か」、この2つの視点からのビジネス分析を行いましょう。

●**市場は拡大しているか？**

その企業が事業を展開している市場は、拡大しているでしょうか？

市場拡大は商機そのものです。たとえば世界の人口は増加基調にありますから、世界的なヘルスケア市場は今後も拡大するでしょう。さまざまな機器に使われる半導体も市場が拡大するはずです。

逆に少ないパイの奪い合いをする市場では、価格競争が起こり、企業は利益を出しにくくなります。その結果、配当も出せなくなりますし、株価も上がりません。

日本株の場合は海外比率も重要です。**売上や利益のうち、どれくらいを海外で稼いでいるのか**を調べましょう。

今後、人口が減少し、どうしても市場が拡大しにくくなる日本での売上に依存しているようだと、将来的には厳しいと言わざるをえません。

ただしインバウンド関連や通信関連のように国内でも成長余地がある市場はありますから、人口減少下でも拡大している市場で事業を行っている企業を選択していきます。

●**持続的に儲けられる事業なのか？**

企業の事業内容を把握すること――これは投資の基本です。

何を製造しているのか？

どんなサービスを提供しているのか？

これらを調べてから投資しましょう。

どうやって稼いでいる企業かまったくわかっていないというのでは、目隠しをしながら投資しているのと同じです。

いまは儲かっていても、今後も同じように稼げるとは限りません。社会的な存在意義などの面から企業が成長できなくなるケースも考えられます。児童労働や環境破壊などに加担していないか、気にしておく必要もあるでしょう。

また、なんらかの技術革新によって投資先のビジネスモデルが存続できなくなる可能性がないかも考えましょう。

●ポジション、参入障壁、ブランド力は？

この2点のほかにも、たとえば業界内におけるポジションが上位にあるかも、ビジネス分析上の重要な要素となります。

売上シェアや営業利益が業界1位、もしくは2位の企業を選ぶことで、「負けない投資」を実践できる可能性が高まります。

あるいは、売上シェアは1位や2位ではないけれども、**世界のニッチな市場を独占する技術を持っているような「オンリーワン企業」を選ぶのも比較的安全**です。

参入障壁の高い業界における大手企業も狙い目です。わかりやすく説明するために米国企業で例示します。

たとえば高いスイッチングコストが発生することから、パソコンのOSであるWindowsや、Officeといったビジネスのインフラとなる商品を持つマイクロソフトの経営基盤は、今後も長期間にわたり盤石でしょう。鉄道も、用地買収やインフラ整備などに莫大な費用を要するため新規参入が困難です。

このような商品や業界特性を持っている企業がないか探します。

世界的なブランド力がある企業――これも強いです。

たとえばマクドナルドやP&Gは世界的に有名で、世界各国で売られている強いブランド力を持つ企業です。この2社は米国企業ですが、トヨタ自動車や任天堂のように世界に知らない人がいないようなブランドを持っている日本企業で、この項で紹介したその他の条件に合致するような企業がないか、探してみるのもおもしろいと思います。

○「ファンダメンタルズ分析」もきっちり行う

「売上」「営業利益」「営業利益率」「増収率・増益率」「1株あたり利益(EPS)」「財務状況」「ROE」などの指標も確認しましょう。

こうした各種の指標や情報によって銘柄を分析する方法を**「ファンダメンタルズ分析」**と言います。

●売上・営業利益

私たちが投資すべき企業は、**「売上」が成長して、本業で儲けていることを示す「営業利益」も成長している、増収増益している企業**です。

一時的に足踏みしているような状況でも、**少なくとも業績が横ばいの企業に留める**ようにしてください(「成長株」の場合、業績が横ばいであれば投資は避けましょう)。

また**減収増益(売上減、営業利益増)も、なんらかの理由があっての一時的なものであればかまいませんが、あまり続くと好ましくありません。**コストカットによる増収の可能性が高く、いずれ限界がくるからです。

減収減益については、1年程度の業績不振なら目をつぶります。

●営業利益率

営業利益率は「営業利益÷売上×100」で計算します。

営業利益率が高いほど優良で、20%以上あればおおむね優良企業と判断していいでしょう。**日本企業であれば10%が合格ライン**です。

●増収率・増益率

増収率は前年に対して売上がどれだけ伸びたかを表す数値です。

増益率は前年に対して利益がどれだけ伸びたかを表す数値で、私は主に営業利益で確認しています。

どちらも**数値が大きいほどよい**のですが、上述したように**一時的であれば横ばいや減収増益、減収減益であっても問題ありません。**

●１株あたり利益（EPS）

一般的に、**1株あたり利益（Earnings Per Share＝EPS）が成長していると、正比例して株価も上がります。**

ここまでに示した各指標のうち、**「売上」「営業利益」「1株あたり利益（EPS）」が長期的に成長していて、「営業利益率」が20％以上（日本企業なら10％以上）であれば、優良企業である可能性が高いです。**

●財務状況

財務状況は「営業キャッシュフロー」「フリーキャッシュフロー」「自己資本比率」で確認します。
「営業キャッシュフロー」とは、企業が儲けて実際に入ってくるお金のことです。営業利益が出ていても、実際に企業にお金が入ってこないことにはどうにもなりません。
「フリーキャッシュフロー」とは、「営業キャッシュフロー」から「投資キャッシュフロー（設備投資など）」を差し引いた数字で、企業が自由に使える資金を示します。
「営業キャッシュフロー」および「フリーキャッシュフロー」が伸びているかを確認するといいでしょう。

●自己資本比率

簡単に言えば、自己資本比率が高ければ高いほど、その企業の負債（借入金など）が少ないことを示します。
日本企業では最低でも40％、できれば60％を求めてください（米国企業の場合には、自己資本比率はそこまで重視しなくて大丈夫です）。

●ROE

ROE（Return On Equity＝自己資本利益率）は、企業の経営効率を示す指標です。株主が投じた資本を元手に、企業がどれだけの利益を稼いでいるかを示します。

日本企業なら最低8%、理想は二桁%ほしいところです（米国企業ならマストで二桁%）。

これらの指標を総合的に判断して、ファンダメンタルズを見極めていきます。加えて、中期経営計画によって「将来期待できる数字」も確認します。

さまざまな指標を示しましたので、慣れないうちはわからないところも多いかもしれませんが、あきらめずに勉強を続けていれば次第にわかるようになります。頑張りましょう。

○「自社株買い」の確認をする

その企業が、過去に自社株買いを実施したことがあるかどうかも確認します。

「自社株買い」とは企業が自社の株式を買うことで、株価上昇のきっかけとなります。自社株買いによって市場に流通する株式の数が減るので、1株あたり利益（EPS）が上がり、株価も上がるという理屈です。

自社株買いは増配と並ぶ株主還元策の1つですから、**過去に自社株買いをしていれば、株主還元の意識が高い会社だと推測できます。**今後も自社株買いを行うことが期待でき、株価上昇につながります。

自社株買いをしたことがない企業はダメ、というわけではないのですが、プラス要素の1つとして判断しています。

自社株買いをしているかどうかは、証券会社のサイトで「適時開示情報」をチェックする、企業の公式サイトでIR情報を見るなどの方法で調べられます。

○ 大きな「リスク」がないか確認する

リスクの確認も怠らないようにしましょう。

投資判断においては、**銘柄のよい点と悪い点を両方理解する**ことが大切です。投資することを先に決めてから分析すると、よい点ばかりについ目を向けてしまい、失敗することになりかねません。

とくに**過去に不祥事を起こしていないかどうか**は必ず確認してください。

不祥事は一度起こすとしばらく続く傾向がありますから、株価がそのたびにダメージを受けます。不祥事の内容によっては回復に長い時間がかかったり、回復不能なものもあります。

なお、過去の不祥事はニュース検索で調べられます。

○「バリュエーション分析」で高値づかみを避ける

投資先として有力になった銘柄については、**「バリュエーション分析」**も行って株価が適正水準にあるか、加熱しすぎていないか、もしくはお買い得な状況にあるかを分析・確認しましょう。

バリュエーション分析は**「予想PER」**を使って行います。PERは Price Earnings Ratio の略で、日本語では「株価収益率」と訳します。

予想PER＝株価÷予想EPS（1株あたり予想利益）という式で計算できます（予想EPSについては、決算短信などで確認します）。

予想PERの数値を見ることで、その株が1株あたり利益（予想）の何年分まで買われているかがわかります。たとえば予想PERが15倍であれば、その企業の株価は市場で「15年分の利益」まで評価されていることになります。

日本株の場合、予想PERはだいたい10～30倍のあいだにあります。15倍が目安で、その辺りが高いか低いかの分岐点となります。

そのため、たとえば30倍にまで買われていれば、一般的には少し加熱していると判断できます。その時点で買うと高値づかみになってしまう恐れが高いでしょう。逆に、たとえば予想PERが8倍と低い株価であれば、その銘柄はお買い得な状態にあるかもしれない、などと判断できます。

ただし**予想PERについては、業種によって相場の高低があるので、同業他社との比較が必須**です。たとえばIT関連企業は予想PERが高いことが多いので、加熱していると判断したら、実はお買い得で買い逃してしまった、というような状況が起こりえます。

加えて**過去の推移と比較する**ことも重要です。予想PERが下がってきていれば買いどきと判断し、逆に上がってきていれば高値づかみの恐れがあると判断します。

これらの視点で分析し、銘柄の株価が高すぎる状態にないかをチェックします。ただし、**過去の推移や同業他社と比較して予想PERが適正な範囲内にあれば、それでOK**としましょう。バーゲンセールになるタイミングまで待つのは、あまりオススメできません。

他のチェック項目をクリアしてきたような優秀な銘柄であれば、突発的な災害や特殊事情でもない限り、予想PERが大きく下がってバーゲンセール的な状態になることは滅多にありません。

いつまで経っても買えない（投資できない）状況は、資金を遊ばせてしまうことになるので避けるべきでしょう。

○ まとめ

長くなったのでポイントをまとめます。投資すべき企業は、以下のような視点を組み合わせて探すようにしてください。保有期間中も、同じ視点でメンテナンスすればいいでしょう。

- □ 配当金（利回り、増配率、連続増配年数、配当性向）
- □ 時価総額が大きい
- □ 市場が拡大している
- □ 事業内容
- □ 持続可能な事業をしている
- □ 市場シェアが高い
- □ 営業利益率が高い
- □ 増収増益が続いている
- □ １株あたり利益が伸びている
- □ 財務健全性
- □ 経営効率（ROE）
- □ 株価が下降トレンドを描いていない
- □ 自社株買いがある
- □ リスク要因の確認
- □ 過去に不祥事がない
- □ 株価が高騰していない（PER）

残念ながら100点満点の銘柄はまずありません。**総合的に見てクリアしている指標が多いか、致命的な欠点がないか、欠点を補ってあまりあるほどの長所はないか、といった観点で判断**しましょう。

ちなみに、多角的な分析をした上で、高配当株の場合はとくに配当利回りと配当性向を意識しましょう。同様に増配株の場合には、連続増配年数、増配率および配当性向を意識します。成長株の場合には、市場成長および増収率・増益率を意識します。

○ 銘柄紹介

本書を執筆している2023年8月時点で入手できる最新データにより、この項で示した基準で私が日本株を分析・選択し、投資基準に合致していると思われる20銘柄を以下に紹介しておきます。推奨ではありませんが、参考にしてください。

なお、配当性向は2022年度実績です。株価上昇実績はこの5年間での株価の上昇について記号で示したものです（◎：優、○：良、△：可、×：不可）。時価総額および単元株価格は概数です。

● INPEX

会社概要：日本最大級の総合エネルギー開発企業
証券コード：1605　時価総額：2.8兆円
単元株価格：20万円　予想配当利回り：3.67%
連続増配年数：3期（予定）
配当性向：19.3%　株価上昇実績（5年）：○
配当方針：中期経営計画2022-2024年に「短期的に事業環境等が悪化した場合でも、1株当たり年間配当金の下限を30円とする」と明記

● 積水ハウス

会社概要：大手住宅メーカー、戸建住宅、マンション、都市開発等
証券コード：1928　時価総額：1.9兆円
単元株価格：29万円　予想配当利回り：**4.04%**
連続増配年数：**12期（予定）**
配当性向：39.8%　株価上昇実績（5年）：○
配当方針：中期経営計画2023-2025に「配当金は110円（2022年度実績）を下限とする」と明記

● **信越化学工業**

会社概要：　化学で時価総額国内1位、半導体シリコンや塩ビ等で世界トップシェア、海外売上比率80%超
証券コード：　4063　　時価総額：　9.2兆円
単元株価格：　45万円　　予想配当利回り：　2.20%
連続増配年数：　8期（実績）　※10期以上減配なし
配当性向：　28.7%　　株価上昇実績（5年）：　◎
配当方針：　株主還元方針に「35%前後の配当性向を中長期的な目安に安定的な配当に努めていきます」と明記

● **テルモ**

会社概要：　医療機器大手、世界160以上の国・地域で事業展開
証券コード：　4543　　時価総額：　3.2兆円
単元株価格：　42万円　　予想配当利回り：　1.04%
連続増配年数：　**14期（予定）**
配当性向：　33.6%　　株価上昇実績（5年）：　○
配当方針：　株主還元方針に**配当の安定的な増加を目指す**旨を明記

● **小林製薬**

会社概要：　「あったらいいな」をカタチにしたニッチな製品に定評
証券コード：　4967　　時価総額：　6200億円
単元株価格：　79万円　　予想配当利回り：　1.22%
連続増配年数：　**25期（予定）**
配当性向：　34.7%　　株価上昇実績（5年）：　×
配当方針：　2023-2025年中期経営計画に、2025年度まで**27期連続増配を目指す**旨を明記

● **小松製作所（コマツ）**

会 社 概 要： 建設機械国内1位・世界2位、創立大正10年の老舗
証券コード： 6301 時 価 総 額： 3.9兆円
単元株価格： 40万円 予想配当利回り： 3.44%
連続増配年数： 2期（実績）
配 当 性 向： **40.3%** 株価上昇実績（5年）： △
配 当 方 針： 中期経営計画（2022年度～ 2024年度）に「安定的な配当の継続に努め、連結配当性向を40%以上とする方針」と明記

● **栗田工業**

会 社 概 要： 総合水処理の国内最大手、海外売上比率が約半分
証券コード： 6370 時 価 総 額： 6700億円
単元株価格： 57万円 予想配当利回り： 1.46%
連続増配年数： **20期（予定）**
配 当 性 向： **43.5%** 株価上昇実績（5年）： ○
配 当 方 針： 中期経営計画2027に「直近5年間通算で配当性向30%から50%の範囲を目安に財務格付けも維持しつつ、**長期的に計画的な増配を継続**する方針」と明記

● **伊藤忠商事**

会 社 概 要： 3大商社、非資源に強み
証券コード： 8001 時 価 総 額： 9.0兆円
単元株価格： 56万円 予想配当利回り： 2.83%
連続増配年数： 9期（予定） ※10期減配なし
配 当 性 向： 25.6% 株価上昇実績（5年）： ◎
配 当 方 針： 2021 ～ 2023年度中期経営計画に、**累進配当**を明記

● **三井物産**

会社概要： 3大商社、資源に強み
証券コード： 8031　　時価総額： 8.6兆円
単元株価格： 56万円　　予想配当利回り： 2.68%
連続増配年数： 4期（予定）
配当性向： 19.4%　　株価上昇実績（5年）： ◎
配当方針： 中期経営計画2026に「年間配当150円/株を下限とした配当維持または増配を行う**累進配当**」と明記

● **三菱商事**

会社概要： 商社トップ、資源と非資源の比率はほぼ半々で総合力あり
証券コード： 8058　　時価総額： 10.2兆円
単元株価格： 71万円　　予想配当利回り： 2.81%
連続増配年数： 8期（予定）
配当性向： 22.2%　　株価上昇実績（5年）： ◎
配当方針： 中期経営戦略2024に「持続的な利益成長に応じて増配を行う**累進配当**」と明記

● ユニ・チャーム

会 社 概 要： 衛生用品大手・紙おむつ国内首位、海外売上比率3分の2
証券コード： 8113 時 価 総 額： 3.6兆円
単元株価格： 59万円 予想配当利回り： 0.68%
連続増配年数： **22期（予定）**
配 当 性 向： 33.4% 株価上昇実績（5年）： ○
配 当 方 針： 統合レポート2023に「**安定的、継続的な増配**を実施」と明記

● 三菱UFJフィナンシャル・グループ

会 社 概 要： メガバンクの最大手を持つ国内最大の金融グループ
証券コード： 8306 時 価 総 額： 14.1兆円
単元株価格： 11万円 予想配当利回り： 3.69%
連続増配年数： 3期（予定） ※10期以上減配なし
配 当 性 向： 35.3% 株価上昇実績（5年）： ○
配 当 方 針： 株主還元方針に「利益成長を通じた1株当たり**配当金の安定的・持続的な増加**を基本方針」と明記

● 三井住友トラスト・ホールディングス

会 社 概 要： 三井住友信託銀行を有する日本最大級の信託銀行グループ
証券コード： 8309 時 価 総 額： 1.9兆円
単元株価格： 53万円 予想配当利回り： **4.19%**
連続増配年数： 3期（予定） ※10期以上減配なし
配 当 性 向： **40.6%** 株価上昇実績（5年）： △
配 当 方 針： 中期経営計画（2023～2025年度）に「一株当たり**配当金は累進的**としつつ、利益成長を通じた増加を目指す」と明記

● **三井住友フィナンシャルグループ**

会社概要： 3大金融グループの一角、効率性が良好
証券コード： 8316　時価総額： 8.5兆円
単元株価格： 64万円　予想配当利回り： 3.92%
連続増配年数： 3期（予定）　※10期以上減配なし
配当性向： **40.4%**　株価上昇実績（5年）： ○
配当方針： 中期経営計画2023-2025に、**累進配当**を明記

● **オリックス**

会社概要： 総合リース国内最大手、空港運営や再生可能エネルギーも
証券コード： 8591　時価総額： 3.2兆円
単元株価格： 26万円　予想配当利回り： 3.64%
連続増配年数： 1期（予定）　※10期以上減配なし
配当性向： 37.0%　株価上昇実績（5年）： ○
配当方針： 統合報告書2022に「2025年3月期までの間、原則として配当性向33%または前期配当金額のどちらか高い方を予定」と明記

● **三菱HCキャピタル**

会社概要： リース国内首位級、25期連続増配予定と株主還元良好
証券コード： 8593　時価総額： 1.3兆円
単元株価格： 9万円　予想配当利回り： **4.11%**
連続増配年数： **25期（予定）**
配当性向： **40.8%**　株価上昇実績（5年）： ○
配当方針： 2023～2025年度中期経営計画に「利益成長を通じて**配当総額を持続的に高めていく**」と明記

● **日本取引所グループ**

会 社 概 要： 傘下に東証を有する日本唯一の総合取引所グループ
証券コード： 8697　時 価 総 額： 1.4兆円
単元株価格： 26万円　予想配当利回り： 2.17%
連続増配年数： ---
配 当 性 向： **71.6%**　株価上昇実績（5年）： ○
配 当 方 針： 株主還元方針に「業績に応じた配当を実施することを基本とし、具体的には、配当性向を60%程度とすることを目標」と明記

● **東京海上ホールディングス**

会 社 概 要： 損保国内最大手、世界の損保利益ランキングでトップ10
証券コード： 8766　時 価 総 額： 6.2兆円
単元株価格： 31万円　予想配当利回り： 3.93%
連続増配年数： 4期（予定）
※特別配当を除く普通配当だけなら**12期連続増配（予定）**
配 当 性 向： **53.4%**　株価上昇実績（5年）： ○
配 当 方 針： 中期経営計画2023に「株主還元は配当を基本とし、**利益成長に応じて持続的に高める**」と明記

● **日本電信電話（NTT）**

会 社 概 要： 国内通信最大手、携帯電話シェアトップ
証券コード： 9432　時 価 総 額： 14.9兆円
単元株価格： 2万円　予想配当利回り： 3.05%
連続増配年数： **13期（予定）**
配 当 性 向： 34.5%　株価上昇実績（5年）： ○
配 当 方 針： 中期経営戦略2027に「**継続的な増配**の実施を基本的な考え方とする」と明記

● **KDDI**

会社概要：	国内通信大手、営業利益率約19%と良好		
証券コード：	9433	時価総額：	9.7兆円
単元株価格：	42万円	予想配当利回り：	3.33%
連続増配年数：	**22期（予定）**		
配当性向：	**43.5%**	株価上昇実績（5年）：	△
配当方針：	配当方針に、**持続的な増配**を目指す旨を明記		

※予想配当利回り：4%以上、連続増配年数：10期以上、配当性向：40%以上、株価上昇実績：優（◎）、および配当方針内の増配関連の記述を太字で示しています。

テルモやユニ・チャームなどは予想配当利回りが低くても連続増配年数が長いので、長期保有でだんだんと「じぶん配当利回り」が上がっていく可能性が高いでしょう

ポイント

さまざまな視点から、総合的に判断して高配当株や増配株を選び出します。最初は難しくても、必ず自分でも調べるようにし、納得した上で投資しましょう。

03 個別株ではなく「東証ETF」に投資する選択肢もある

投資すべき個別株を自分で選択できない場合は、個別株と同じように手軽に売買でき、プロにお任せで手堅く分散投資ができるETFを代わりに利用してもOKです。ETFならば分配金が出ます。

○ ETFも「じぶん年金」にできる

前項では、「成長投資枠」での投資先として私がもっともオススメする高配当株・増配株の探し方を解説しました。検討要素が多くて難しく感じたかもしれませんが、何度も繰り返すことで慣れてくると、さほど苦労せずに探せるようになります。よい銘柄を見つけるのも楽しくなってきます。

とはいえ、投資初心者のなかには個別株を自力で探すことは難しい、と感じた人もいるでしょう。

そういう人には個別株ではなく、**日本株や米国株などを主な投資対象とするETF、すなわち「株式市場に上場している投資信託」を、「成長投資枠」での主な投資先とする選択肢もオススメできます。**

上場していない投資信託と違い、ETFには原則として「分配金再投資型」がありません。つまり、**ほぼ必ず分配金が支払われます**（例外として、金［ゴールド］などに投資するETFには分配金がありません）。そのため個別株への投資と同様に、「じぶん年金」として活用しやすいのです。

●主に「東証ETF」と「米国ETF」の２つがある

ETFは、どの市場に上場しているかによって分類できます。

私たち日本の個人投資家が売買しているETFの主流は、**日本の東京証券取引所に上場している「東証ETF」**か、**米国の証券取引所に上場している「米国ETF」**の2種類です。

これ以外の国の株式市場に上場しているETFもありますが、さほどメジャーではありませんので本書では扱いません。

主なETFの分類　※この分類にあてはまらない商品もあります。

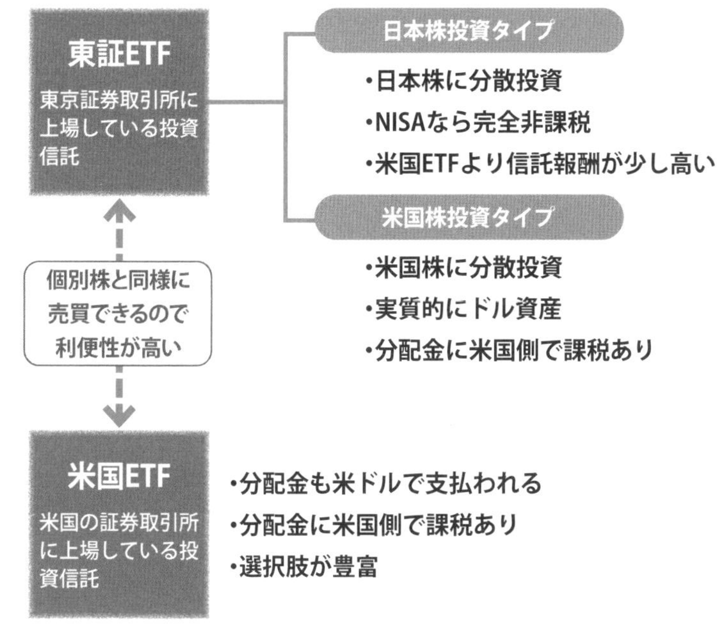
東証ETF
東京証券取引所に上場している投資信託
日本株投資タイプ
・日本株に分散投資
・NISAなら完全非課税
・米国ETFより信託報酬が少し高い
米国株投資タイプ
・米国株に分散投資
・実質的にドル資産
・分配金に米国側で課税あり
個別株と同様に売買できるので利便性が高い
米国ETF
米国の証券取引所に上場している投資信託
・分配金も米ドルで支払われる
・分配金に米国側で課税あり
・選択肢が豊富

東証ETFが手軽で便利

このうち、とくに投資初心者の方にオススメするのは東証ETFです。

東証ETFは東京証券取引所に上場しているので、**日本株と同じ感覚で売買できます。分配金も日本円で支払われますので、米ドルで支払われる米国ETFより便利**です。自分で細かく銘柄分析を行い、よい会社をいくつも探さなくても、多くの会社にまとめて分散投資することが可能です。

デメリットとしては、**米国ETFに比べ信託報酬が少し高い（年0.2～0.4%程度）**ことが挙げられます。

また分配金を再投資して複利効果を効かせようとすると、NISAの非課税枠を使ってしまうこともデメリットです。ただし、ゆくゆくは「じぶん年金」として生活費に使うつもりなのであれば、再投資はしないので問題になりません。ここもゴールベースで考えましょう。

●主に日本株投資タイプと米国株投資タイプの２種類がある

前ページの図を見るとわかるように、東証ETFは必ずしも日本株に投資する商品ばかりではありません。上場先は東京証券取引所でも、投資先は米国などの外国株になっているETFもあります。

投資先が外国株である場合には、主に米国株への投資を行う東証ETFが主流です。本書ではこれ以降、それぞれのETFを「**日本株投資タイプの東証ETF**」、「**米国株投資タイプの東証ETF**」と呼んで解説することとします（このほかにも、全世界の株式や先進国の株式などにまとめて投資するタイプの東証ETFもあります141ページ参照）。

この２つのタイプの東証ETFには、それぞれにメリット・デメリットがあります。高配当株や増配株への分散投資に準じて、どちらも「成長投資枠」での投資に向いていますから、以下、詳しく解説していきます。

○ 「日本株投資タイプの東証ETF」なら判断力が落ちても安心

私はかつて、日本株に投資するタイプの東証ETFについては、信託報酬がかかることから積極的に推そうとは考えていませんでした。

しかし、勉強し直してみて、その気持ちに変化が生じました。

私が「日本株投資タイプの東証ETF」に対して積極的になれなかったのは、構成銘柄を見たときに「この程度なら、自分でも個別に投資できる」「投資をしたくない銘柄が含まれている」……などと感じるためでした。

また、0.3%以上の信託報酬は高いとも思っていました。

正直なところ、その感覚はいまでもあります。とはいえ、その考え方は投資判断がクリアな「いまの自分」を判断軸としたものです。

判断力や思考力が衰えてくるであろう老後の「じぶん年金」として見るのであれば、0.2～0.3%程度の信託報酬は、「衰えた能力を補ってもらうためのサポート代」としては、そこまで高くないのではないかと感じるようになっています。

私は自宅で両親の介護・見守りを行ってきました。若いころから継続して投資を行っていた父が、判断力の衰えを自覚して投資の世界からリタイアしていく姿を目のあたりにした経験があります。その様子から、自分自身についても、**高齢になったときに現在のままの判断力を維持できているとは考えにくい**のです。

いまは高いと感じる信託報酬も、高齢になって自分の判断力の衰えを自覚したときには、適切な金額と思えるようになるのではないでしょうか。

構成銘柄については納得できない部分が残りますが、完璧な投資先はないので、ETFを選ぶのであればそこは妥協するしかないでしょう。

また個別株の場合は10～20銘柄に厳選することで好パフォーマンスを狙いますが、ETFの場合は広く分散投資するため、日本株投資タイプは米国株投資タイプに比べるとパフォーマンスがそこまで期待できない可能性があります。日本企業より米国企業のほうが成長率が高いからですが、そこも妥協するしかないでしょう。

●非課税メリットをバッチリ享受

逆に、日本株投資タイプの東証ETFの大きなメリットとして、**NISAで投資する分には分配金が完全に非課税になる**ことが挙げられます。

後述しますが、米国株投資タイプの東証ETFや米国ETF、さらには米国の個別株などは、たとえNISAで投資しても、米国でかかる税金は非課税になりません（日本の税金は非課税です）。そのため、非課税のメリットを100％は享受できません137・148・156ページ参照。

それらに比べると、日本株投資タイプの東証ETFは完全に国内だけで投資が完結しているので、非課税のメリットを100％受けられる特長があります。

自分で銘柄を選ぶことが難しい方が、完全非課税で手堅く分散投資し、老後の判断力低下にも備えたいと考えるのであれば、日本株投資タイプの東証ETFは有力な選択肢の1つとなるでしょう。

私自身、これらの考えのもと、2023年の春から複数の日本株投資タイプの東証ETFに数万円ずつの投資を始め、「味見」と検証を進めているところです。将来、投資判断が衰えたときには、銘柄分析が不要であることや、不振な企業があれば勝手に組み入れ銘柄から外してもらえることなどについて、「助かる」と思っているのではないでしょうか。

○ 比較的優良な「日本株投資タイプの東証ETF」を紹介

日本株投資タイプの東証ETFについて、銘柄をいくつか紹介しておきます（各種データは2023年7月末時点で入手可能な最新のものです）。推奨ではありませんが、参考にしてください。

● NEXT FUNDS　日経平均高配当株50指数連動型上場投信

証券コード：　1489　　信託報酬率：　0.308%
売買単位：　1口　　最低投資額：　54,300円
分配月：　1月・4月・7月・10月（年4回）
純資産総額：　1109億円　　分配金利回り（年平均）：　**3.97%**
組入上位銘柄：　川崎汽船／日本製鉄／商船三井／INPEX／みずほフィナンシャルグループ　など

日経平均構成銘柄のうち、配当利回りの高い50銘柄から構成されている東証ETFです。2023年7月末時点の直近1年間の分配金利回りが3.97%で、極めて優秀と言えます。

信託報酬が0.308%と若干高いのが玉に瑕ですが、高分配を考えれば許容範囲内でしょう。

● iシェアーズ　MSCIジャパン高配当利回りETF

証券コード：　1478　　信託報酬率：　0.209%
売買単位：　1口　　最低投資額：　2,994円
分配月：　2月・8月（年2回）
純資産総額：　587億円　　分配金利回り（年平均）：　2.67%
組入上位銘柄：　三井物産／トヨタ自動車／伊藤忠商事／小松製作所／本田技研工業／東京海上ホールディングス　など

配当性向や配当継続性、財務指標（ROE、自己資本比率等）の要件を満たす銘柄から、配当利回りが高い約40銘柄で構成されています。

信託報酬（0.209％）、最低投資額、分配金利回り、組み入れ上位銘柄の内容などで総合的に判断すると、十分に投資に値する東証ETFだと思います。

銘柄選定において直近の配当金だけでなく配当継続性が考慮されているため、組み入れ銘柄の上位15位以内に、配当継続性が期待しにくい海運関連企業が含まれていないところなども高く評価できます。

世界最大の資産運用会社のブラックロックによる運用であることも安心感を覚えます。

2023年7月末時点での直近1年間の分配金利回りは2.67％です。

● **iFreeETF　TOPIX高配当40指数**

証券コード：1651　信託報酬率：0.209％
売買単位：10口　最低投資額：15,875円
分配月：2月・5月・8月・11月（年4回）
純資産総額：307.8億円　分配金利回り（年平均）：2.03％
組入上位銘柄：三菱商事／トヨタ自動車／三菱UFJフィナンシャル・グループ／三井住友フィナンシャルグループ／三井物産　など

TOPIX100構成銘柄のうち、配当利回りが優良な40銘柄で構成されているので、分配金利回りがほどよいETFです（2.03％）。

信託報酬が0.209％と安く、直近数年の騰落（とうらく）率も良好。最低投資額も買いやすく、バランスの取れた東証ETFと言えます。

● **グローバルX　MSCIスーパーディビィデンド-日本株式ETF**

証券コード：　2564　　信託報酬率：　0.429%
売買単位：　1口　　最低投資額：　2,402円
分配月：　1月・4月・7月・10月（年4回）
純資産総額：　572.7億円　　分配金利回り（年平均）：　**4.66%**
組入上位銘柄：　川崎汽船／リョーサン／日東工業／商船三井／伯東　など

国内の取引所に上場するすべての普通株式およびREIT［不動産投資信託］のうち、相対的に高い配当利回りの25銘柄で構成されているため、直近1年間の分配金利回りが4.66%と非常に優秀です。

信託報酬は0.429%と高めですが、この分配金利回りを考えれば許容範囲内ではないでしょうか。

最低投資額が低いので、買いやすい商品です。

● **NEXT FUNDS　野村日本株高配当70連動型上場投信**

証券コード：　1577　　信託報酬率：　0.352%
売買単位：　1口　　最低投資額：　30,510円
分配月：　1月・4月・7月・10月（年4回）
純資産総額：　797.2億円　　分配金利回り（年平均）：　3.48%
組入上位銘柄：　SCREENホールディングス／川崎汽船／三菱商事／関西電力／鹿島建設／　など

国内の取引所に上場するすべての普通株式のうち、今期の予想配当利回りが高い70銘柄で構成されているため、直近1年間の分配金利回りが3.48%と優秀で、かつ分散も効いています。

信託報酬はやや高めの0.352%です。

上場インデックスファンド　日本高配当（東証配当フォーカス100）

証券コード：　1698　　信託報酬率：　0.308%
売買単位：　10口　　最低投資額：　25,000円
分配月：　1月・4月・7月・10月（年4回）
純資産総額：　259.3億円　　分配金利回り（年平均）：　3.26%
組入上位銘柄：　日本たばこ産業／キヤノン／ブリヂストン／三菱UFJフィナンシャル・グループ／三井住友フィナンシャルグループ　など

東証上場銘柄のうち、時価総額および予想配当利回りに着目して選ばれた100銘柄で構成されているため、直近1年間の分配金利回りが3.26%と優秀です。

また、今回紹介した6銘柄のうちではもっとも分散が効いています。

信託報酬0.308%は許容範囲内でしょう。

ポイント

「日本株投資タイプの東証ETF」なら日本円で分配金が得られ、分散も効いているので、「じぶん年金」として考えやすいでしょう。個別株のような銘柄分析は不要です。

04 「米国株投資タイプの東証ETF」で手軽に海外投資する

日本株ではなく、**米国株に分散投資するタイプの東証ETF**もあります。このタイプの東証ETFでは、**非課税のはずのNISAを使った投資であっても、米国側での課税が発生する**ことに注意が必要です。

○ 米国株の成長に期待するのもいい選択です！

東京証券取引所に上場していながら、日本株ではなく米国株に投資するタイプの東証ETFもオススメできます。

Part2-2でも紹介したように、米国企業は稼ぐ力が強く、株主還元にも積極的です。「成長投資枠」においてもさらなる資産成長を期待するなら、米国企業にまとめて投資できる「米国株投資タイプの東証ETF」は手頃な商品でしょう。

米国企業の株式を直接買おうとすると、資料の多くが英語になり、詳しく銘柄分析するには英語力が必要です。グーグル翻訳などでおおよその内容は理解できても、細かい部分までは英語がわからないと理解が難しいことがあります。

率直に言って投資初心者の方にはハードルが高いのですが、ETFであれば多くの銘柄にまとめて投資するので、個々の組み入れ銘柄に対する分析はする必要がありません。

しかも東証ETFですから、おおよその情報は日本語で確認できますし、日本株と同じように売買できます。外国株式用の口座開設も不要です。「S&P500連動型」や「S&P500配当貴族連動型」など、商品ごとの特性に合わせ、希望する米国株に手軽、かつまとめて投資できる便利な商品なのです。

主要銘柄は信託報酬も安いので、米国株投資タイプの東証ETFを「じぶん年金」に選んでもよいでしょう。

○ 米国側の税金が発生する

デメリットもあります。

ここまでに見てきたとおり、NISAで投資する場合には非課税になるのが原則です。しかし、**米国株投資タイプの東証ETFの場合、分配金に米国の税金10%が課税されてしまいます。**

この米国での10%の課税について、NISAではない特定口座等で取引する場合には、日本国内での20.315%の課税と二重課税にならないよう自動で還付される「**二重課税調整制度**」があります。

しかし、NISAの場合にはそもそも日本側での課税がないため、二重課税の調整もされず、米国での10%の課税についてそのまま負担が発生するのです。

「米国株投資タイプの東証ETF」の分配金に対する課税イメージ

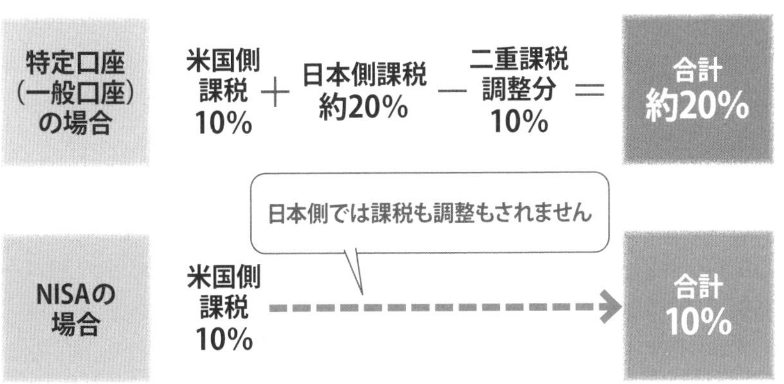

※わかりやすく説明するために簡略化したイメージです。

完全に非課税での投資ができる日本株投資タイプの東証ETFに比べると、米国株投資タイプの東証ETFは、この点では不利だと言えるでしょう。

しかし、**米国企業はパフォーマンスの高さによって株価の上昇力が強く、増配や自社株買いなどをよくするため、課税による分配金の目減りをカバーし、全体で見ればマイナスを上回るリターンをもたらすことが少なくありません。**

こうした点を総合的に考慮し、米国株投資タイプの東証ETFを「成長投資枠」での投資先に選ぶのも、魅力的なチョイスと言えます。

ほかにも**分配金を再投資するときに非課税枠を使ってしまう**ことがデメリットとして挙げられますが、これは日本株投資タイプの東証ETFや個別株にも共通することです。

「じぶん年金」として活用することが最終目標であることから、さほど気にしなくてかまいません。

○「為替ヘッジなし」がオススメ

米国株投資タイプの東証ETFを保有することは、多くの米国株に投資することと同じです。買い付けるのは日本円ですし、評価額も日本円で表示され、分配金も日本円で支払われますが、**実質的には米ドル建ての資産を持つことになります。**

結果、間接的とはいえ為替変動リスクが生じます。

そのため、為替変動の影響を抑制してくれる「為替ヘッジあり」と、為替変動リスクが生じる「為替ヘッジなし」の2タイプから選べる銘柄もあります。

私としては、**「為替ヘッジなし」を選ぶ**ことをオススメします。

読者のみなさんはほとんどの方が日本国内で働き、生活も国内でしているでしょう。となると、資産も収入もそのほぼすべてが日本円建てになっているはずです。

日本円だけに資産やリソースが集中している状態ですから、為替変動の影響を受けるリスクがあります。米ドル建ての資産を一部持つことで、通貨分散を図れるメリットは大きいと思います。

自分は為替変動リスクを取りたくないということであれば、「為替ヘッジあり」を選んでも問題はありません。

○比較的優良な米国株投資タイプの東証ETFを紹介

米国株投資タイプの東証ETFをいくつか紹介しておきましょう。基本的には、米国の株式市場全体の動きをよく反映するとされる**「S&P500」**

に連動する商品を選ぶのが初心者にはオススメです。

分配金利回りの高い商品が少ない傾向にあるため、**長期保有によって投資先企業の増配や株価上昇が発生し、それによりETFの分配金利回り（じぶん配当利回り）や基準価額が上がることを狙うのが基本戦略**となります。

米国株のなかでも高配当の企業に集中投資することで、高い分配金利回りの実現を意図したETFも出てきていますから、今後はそうしたETFが増えることを期待しています。各種データは2023年7月末時点のものです。

● iシェアーズ S&P500 米国株ETF

証券コード：	1655	信託報酬率：	0.077%
売買単位：	10口	最低投資額：	4,687円
分配月：	2月・8月（年2回）		
純資産総額：	535.2億円	分配金利回り（年平均）：	1.11%

米国の代表的な株価指数である「S&P500」に連動するように運用することを目指す東証ETFです。**迷ったらこの商品を選んでおけばOK**です。

● グローバルX S&P500配当貴族ETF

証券コード：	2236	信託報酬率：	0.3025%
売買単位：	1口	最低投資額：	1,116円
分配月：	1月・3月・5月・7月・9月・11月（**年6回**）		
純資産総額：	22.1億円	分配金利回り（年平均）：	--- %

2023年1月に登場したばかりの銘柄であるため、本書執筆時点では年間でどの程度の分配金利回りになるかまだはっきりしていません。しかし、S&P500構成銘柄のなかでも25年以上連続で増配している高配当株式だけで構成された東証ETFであるため、期待できそうです。

また分配月が年に6回もあり、奇数月に設定されていることから、**偶数**

月に支給される公的年金との相性がよいとも言えるでしょう。

最低投資額が1116円と安いので、気軽に買えるのもメリットです。

ただし、信託報酬は0.3025%とやや高めに設定されています。

● MAXISナスダック100上場投信

証券コード： 2631　信託報酬率： 0.22%
売買単位： 1口　最低投資額： 16,000円
分配月： 6月・12月（年2回）
純資産総額： 146.1億円　分配金利回り（年平均）： 0.42%

米国株のなかでも、とくに成長株に投資したい場合に利用できる東証ETFです。成長するIT企業の宝庫であるナスダック100に連動します。

成長株ですからハイリターンを狙えますが、ETFで分散投資できるとはいえ、それなりにハイリスクな銘柄です。

あくまでも、こういう商品もあるという紹介です。

● iシェアーズ 米国リートETF

証券コード： 1659　信託報酬率： 0.22%
売買単位： 1口　最低投資額： 2,782円
分配月： 2月・5月・8月・11月（年4回）
純資産総額： 93.1億円　分配金利回り（年平均）： 2.62%

株式ではなく、米国の市場で運用されているREIT［不動産投資信託］に投資する東証ETFです。

信託報酬が0.22%、分配金利回りは2.62%と、バランスが取れた商品と言えます。

REITは不動産への投資なので、一般的に株式の値動きとの連動性が低いと言われます。株式に加えREITを保有することで、分散効果を高める

ことが期待できます。そのため、これ1本のみ持つものではありません。

分配金利回りも比較的高い傾向にあり、「じぶん年金」として適しているでしょう。

● **MAXIS全世界株式（オール・カントリー）上場投信**

証券コード： 2559　信託報酬率： 0.0858%
売買単位： 1口　最低投資額： 16,500円
分配月： 6月・12月（年2回）
純資産総額： 264.2億円　分配金利回り（年平均）： 1.57%

● **MAXIS海外株式（MSCIコクサイ）上場投信**

証券コード： 1550　信託報酬率： 0.165%
売買単位： 10口　最低投資額： 44,700円
分配月： 6月・12月（年2回）
純資産総額： 162.5億円　分配金利回り（年平均）： 1.47%

米国株を含む外国株式全体に投資できる東証ETFもありますので、参考として２つ紹介しておきます。

前者は先進国と新興国の株式、後者は日本を除く先進国の株式に分散投資できる東証ETFです。

ポイント

米国企業の成長を取り込みたければ、米国株投資タイプの東証ETFも選択肢になります。ただし、分配金への米国側での10％課税はNISAでも避けられません。

05 ETFではなく、投資信託を買うこともできるけど……

「成長投資枠」では非上場の投資信託もたくさん用意されています。しかし、出口戦略を考えれば、「成長投資枠」で投資信託を購入する必要性は薄いでしょう。

○「成長投資枠」で買える投資信託は約1500本！

「成長投資枠」では、上場していない投資信託を買い付けることもできます。「つみたて投資枠」では金融庁の示す基準に合致した、いわば「厳選された」投資信託しか買えないのに対し、「成長投資枠」では投資信託の選択肢も豊富です。

具体的には2023年8月時点で「つみたて投資枠」で買える投資信託は300本もないのに対し、**「成長投資枠」で買える投資信託はすでに約1500本が用意されていて、今後もその数は増えていくと見られています。**「つみたて投資枠」で買える投資信託は、主に株式を投資対象とする、長期的な資産形成に適した商品です。

一方の「成長投資枠」で買える投資信託には、不動産や債券、金［ゴールド］など株式以外のものを投資対象にする商品や、積極的に利益拡大を狙っていくもの、年1回～隔月など定期的な分配金の支払いをするものなど、豊富なバリエーションの商品が用意されています。

とはいえ「成長投資枠」の投資信託にも最低限の制限は設けられており、**毎月分配型の商品や、信託期間が20年未満の商品、高レバレッジ型の商品については、「つみたて投資枠」と同様に買い付けできないことになっています。**

○「成長投資枠」では投資信託はイマイチ使いにくい

このように、さまざまな商品が用意されている「成長投資枠」向けの投資信託ですが、ゴールベースで出口戦略Part4まで考慮に入れると**ETFの**

ほうが使い勝手がよいために、「成長投資枠」においては非上場の投資信託を積極的に買う必要はあまりない、というのが私の考えです。

東京証券取引所に上場している東証ETFであれば、通常の日本株と同じように売買できます。市場が開いている時間帯にはリアルタイムに価格や需要の変動を見ながら売買できますし、指値（さしね）（注文価格を指定する方式）での売買も簡単にできます。

対する**非上場の投資信託では、1日に1回算出される基準価額での売買**です。売買した基準価額が明らかになるのも売買後ですから、（自動積み立てが便利であることは認めますが）この部分では利便性が劣っています。

用意されている本数自体はETFよりも投資信託のほうが圧倒的に多いのですが、よく利用されるタイプの商品については、ETFでも投資信託でも類似したものが用意されています。

保有手数料にあたる信託報酬についても、一般的には投資信託よりETFのほうが少し安いか、ほぼ互角です。

メリットとデメリットの比較

	（非上場の）投資信託	東証ETF
市場でのリアルタイム売買	× できない	○ できる
本数	○ 多い	△ 少ない 主要な商品は揃っている
信託報酬	△ やや高い Part2-3で紹介した商品は安い	○ やや安い

そして、繰り返しますが投資においては出口戦略が大事ですから、私は分配金を強く意識します。「つみたて投資枠」では資産の最大化を狙うのに対して、「成長投資枠」では配当金（分配金）の最大化を狙います。

ETFは組み入れ銘柄から配当金が出れば、分配金を出すことがルールになっています。**分配金は年に2回もしくは4回のペースで支払われるものが主流**です。年6回（隔月）の商品もあります。分配金の面では有利です。

対して、**非上場の投資信託では必ず分配金があるとは限りません。**組み入れ銘柄から配当金が出ても、ファンド内で再投資する銘柄が多くあります（Part2-3などで詳しく述べたとおり、お金の増え方で考えればこのタイプの商品のほうが有利です）。なかには分配金が年に2～6回出るものもありますが、そうした投資信託は信託報酬が高い傾向にあります。

また、新しいNISAへの制度変更を見越して新たに設定された投資信託がいろいろとありますが、設定されたばかりの投資信託はパフォーマンスが不明であり、飛びつかないほうがよいでしょう。数年以上の運用実績がある投資信託のほうが安心です（これはETFでも同様です）。

こうしたことを考えると、「つみたて投資枠」の対象ではない投資信託や、ETFではカバーされていない分野に投資する投資信託を買いたい、というとき以外には、**「成長投資枠」では非上場の投資信託はイマイチ利用しにくい**と私は評価しています。

○ 自分で高配当株・増配株を組み合わせるのも選択肢

加えて言うと、「成長投資枠」では日本株はもちろん米国株の個別株も買えますから、自分の気に入った個別株だけを買い付けして、それらを組み合わせた「じぶん年金」を自らつくれます。

これは、自分専用にカスタマイズしたETFを、自力でつくるようなものです。

保有しているあいだかかり続ける信託報酬のような手数料は個別株にはありません。

また投資信託やETFでは、いくつかは「この銘柄には、本当は投資したくないんだけどな……」という企業が組み入れ銘柄に混ざっているものですが、**個別株の組み合わせであれば、そうした企業を排除することもできます。**

自分で銘柄分析・選択を行わなくてはならない手間はありますが、それが苦にならない方であれば、ETFや投資信託よりも個別株で高配当株や増

配株を探すほうがオススメできるのです。

○ 取り崩しの手間やストレスも無視できない

また、「つみたて投資枠」「成長投資枠」の両方で投資信託だけで資産形成した場合、**将来の取り崩しの際に手間やストレスが生じやすい**こともデメリットとして挙げられます。

NISAでつくった資産を老後資金として活用するようになったとき、その商品が分配金再投資型の投資信託であれば、何もしなければお金は再投資され続けるだけで、生活費として利用できません。ときどき自分で売却の手続きをして、取り崩さなければなりません。

そうした手続きが高齢になるとなかなかできなくなったり、価格の変動があるなかで売却することに大きな心理的ハードルが生じやすいことは、すでにお伝えしたとおりです104ページ参照。

このように老後の出口戦略などさまざまな視点から検討すると、「成長投資枠」では高配当株・増配株、ETFに投資するほうが望ましく、非上場の投資信託についてはあまりオススメできないという結論になるわけです。

投資では効率も大切ですが、ゴールベースで考えて、出口戦略をより強く意識するようにしましょう。

ポイント

非上場の投資信託にも多くの選択肢が用意されていますが、「成長投資枠」では高配当株・増配株、ETFに投資したほうがいろいろな意味で便利でしょう。

06 「米国ETF」でさらなる資産成長を狙うのも手

より積極的なスタイルでの投資を望むのであれば、米国ETFも選択肢に入ってきます。ただし、米ドルでの運用になり、分配金も米ドルです。ややハードルが上がります。

○ より積極的に投資したいのなら「米国ETF」もオススメ

ここまでに紹介してきた高配当株や増配株、東証ETF、投資信託などは、比較的取っつきやすく、ハードルも低いものでした。

しかし「成長投資枠」ではかなり幅広い商品に投資ができるため、なかには「**もっと積極的なスタイルで投資をしてみたい**」と感じる方もいるでしょう。

そこで、そうしたスタイルに適した投資対象についても触れておきます。**米国ETFへの投資**です。

ただし、たとえ本人が積極的に投資したいと望んでいても、誰もがそれに向いているわけではありません。

米国ETFに投資するには、外国株式用の口座開設が必要です。米ドルでの運用になり、分配金も米ドルで支払われます。売買手数料も日本株・東証ETF・投資信託に比べて高くなり、日本円と米ドルの両替には為替(かわせ)手数料も必要です（他方、保有することにかかるコストである「経費率［東証ETFで言う信託報酬］」は、おおむね低くなります）。

こうしたハードルがあっても、「それでも挑戦してみたい。一定のリスクを取ってもいい」という方にのみ適した投資であることは認識しておいてください。

先にハードルについて述べましたが、米国株は世界一の成長をしてきましたから、そこに投資できる多種多様なETFが米国には揃っているメリットがあります。

また、**米国ETFはすべて1口単位で買える**ため、少額から投資できることもメリットです（米国の個別株も同様です）。

ETFなので、**個別株のように自分で細かく銘柄分析をする必要がない**のもメリットでしょう。米国の個別株に投資するには英語の資料を読んで分析をすることが求められるため、日本株のように簡単には情報を得られません。しかし、米国ETFであれば米国の高配当株や増配株などにまとめて投資できるので、個別株に比べれば取っつきやすさがあります。

米国企業の「成長する力」や積極的な株主還元の意識を気に入っている私は、こうした米国ETFへ「成長投資枠」の一部を使って投資するのは、なかなかに勝率のよいチョイスだと感じています。

ゆくゆくは米国の個別株にもチャレンジしたい、という希望を持つ方が、まずは米国ETFで経験を積むのもオススメです。

○ 米国ETFなら投資先の選択肢がさらに広がる

米国ETFは、そもそもETFの仕組みが米国で発展してきた歴史的経緯から、**東証ETFに比べても種類が豊富**です。2023年8月時点で東証ETFが280本程度であるのに対し、米国ETFは日本のネット証券で買えるものだけでも350本以上あります。

また世界中のマネーが集まる米国の市場で運用されているため、**東証ETFより純資産総額が大きい**特長があります。純資産総額が数千億米ドル（＝数十兆円）にも及ぶ巨大なETFもいくつか存在しています。

東証ETFや非上場の投資信託にも多くの選択肢がありますが、米国ETFはそれ以上に多様性が高く、さまざまな投資対象があります。自分好みの銘柄がきっと見つかるでしょう。

具体的には、米国ETFですから米国株へ投資する商品が多いのですが、インドや中国などの新興国株、不動産、債券、金・銀などのコモディティ等、多種多様な投資対象を選べます。

投資戦略としては、**経費率が低く、高い分配金利回りもしくは増配を実現している米国ETFを選び、分配金をもらいながら長期保有して、最終的には価格上昇による含み益も得られるよう立ち回る**のが王道でしょう。

○ 米ドル建てで分配金も米ドル、米国側の課税もある

米国ETFのデメリットとしては、米国株に投資するタイプの東証ETFと同じく、**分配金に米国の税金10%が課税されてしまう**ことが挙げられます（ちなみに売却したときの譲渡益［売却益］については、米国ではもともと非課税なので考慮する必要がありません）。

NISAでの投資であれば、日本側の20.315%は非課税です。**特定口座等でも、米国ETFでは東証ETFのように二重課税の調整は行われません**ので注意が必要です。

分配金に10%の課税があっても、米国株の成長や株主還元をそれ以上に評価し、東証ETFにはない商品に投資したい、または投資に使う通貨を米ドルに統一したい、といった場合に視野に入る投資先だと言えるでしょう。

また、繰り返しとなりますが**米国ETFでは分配金が米ドルで支払われる**ことも認識しておかなくてはなりません。ここが「米国株投資タイプの東証ETF」との大きな違いです。

今後も長期的に円安基調が続くと予想するならば、米ドル資産を持っておくことで円に替えたときの利益は増えます。逆に円高に振れれば、円に替えたときの利益が減ります。**いずれにせよ為替変動のリスクは避けられない**ので、米国ETFに投資するときにはそれでもかまわない、という割り切りが必要です（これは為替ヘッジなしの「米国株投資タイプの東証ETF」を選んだ場合にも言えることです138ページ参照）。

そして米ドル建て資産であることは、将来的に「じぶん年金」として活用する際にも少々問題となります。

分配金の米ドルは証券会社のサイトで日本円に両替することが可能ですが、**生活費を下ろすたびに、日本円への両替というステップが1つ余計に発生する**からです。高齢になったときに、その操作がスムーズにできるとは限りません186ページも参照。急激な円高・米ドル安になるなど為替相場の状況によっては、米ドルを日本円に替えるときにストレスを感じることがあるかもしれません。

このほか、当然ですが米国で運用されているので、**各種の資料などは英**

語で書かれているものが基本となります。いまはブラウザの自動翻訳機能もあるため英語がわからないと全然読めない、ということはありませんが、不安を感じる場合には「米国株投資タイプの東証ETF」を選ぶほうがいいかもしれません。

比較的優良な「米国ETF」紹介

米国ETFのなかでも定番的な銘柄を、次ページからいくつか紹介していきましょう。

なお、文中の「ティッカー」とは、日本株での「証券コード」にあたる記号で、米国ETF、米国株ともにアルファベット1文字〜数文字で表されます。

各種データは2023年7月末時点のものです。

● **バンガード S&P500 ETF**

ティッカー： VOO　経費率： 0.03%
最低投資額： 420.68ドル　分配金利回り（年平均）： 1.47%
分配月： 3月・6月・9月・12月（年4回）
純資産総額： 3399.39億ドル

S&P500に連動して運用される巨大ETFです。老舗のバンガード社による運用で、安心感があります。経費率が0.03%と東証ETFのS&P500連動型（証券コード1655など）139ページ参照より安いので、長期的な値上がりを期待しながら長く持てる銘柄です。

● **バンガード トータルストックマーケットETF**

ティッカー： VTI　経費率： 0.03%
最低投資額： 228.35ドル　分配金利回り（年平均）： 1.46%
分配月： 3月・6月・9月・12月（年4回）
純資産総額： 3227.84億ドル

米国の株式市場に上場しているほぼすべての株式にまとめて投資できるETFです。S&P500に組み込まれる前の企業の成長を取り込みたい場合に適しています。

このタイプのETFは、東証ETFではいまのところ見あたりません。

● **バンガード 米国高配当株式ETF**

ティッカー： VYM　経費率： 0.06%
最低投資額： 110.33ドル　分配金利回り（年平均）： 3.02%
分配月： 3月・6月・9月・12月（年4回）
純資産総額： 504.77億ドル

米国高配当株だけを集めたETFですから、高い分配金利回りが期待できます。直近の年平均分配金利回りも3.02%と優良です。

相場全体が下落しているときでも、影響を受けにくいETFという印象があります。分配金をもらいながら、価格の上昇をじっくり待てる銘柄と言えるでしょう。

このタイプのETFも、東証ETFではいまのところ見あたりません。

● **バンガード 米国増配株式ETF**

ティッカー： VIG　　経　費　率： 0.06%
最低投資額： 166.25ドル　　分配金利回り（年平均）： 1.87%
分　配　月： 3月・6月・9月・12月（年4回）
純資産総額： 704.78億ドル

米国増配株だけを集めたもので、過去10年以上連続で増配をしている中・大型株が組み入れられています。

増配株は株価の上昇と増配が期待できるため「2度おいしい投資」です。長期保有によって「じぶん配当利回り」を向上させ、老後に「じぶん年金」としての力を存分に発揮することでしょう。

このタイプのETFも、東証ETFではいまのところ見あたりません。

● **インベスコ QQQ トラスト シリーズ1ETF**

ティッカー： QQQ　　経　費　率： 0.20%
最低投資額： 383.68ドル　　分配金利回り（年平均）： 0.56%
分　配　月： 3月・6月・9月・12月（年4回）
純資産総額： 2111.34億ドル

米国のハイテク成長株が集まるナスダック市場の時価総額上位100社（金融を除く）に連動するETFです。つまり、ハイリスク・ハイリターンな商品です。

東証ETFの「MAXISナスダック100上場投信」140ページ参照の米国ETF版です。

● **バンガード トータル ワールド ストックETF**

ティッカー： VT　経　費　率： 0.07%
最低投資額： 100.59ドル　分配金利回り（年平均）： 1.96%
分　配　月： 3月・6月・9月・12月（年4回）
純資産総額： 294.15億ドル

全世界の株式にまとめて投資できる米国ETFです。

東証ETFの項で紹介した「オール・カントリー」141ページ参照との違いをひとことで表すと、この「VT」には小型株が含まれ、より幅広い銘柄に分散投資ができることでしょう。

このタイプのETFも、東証ETFではいまのところ見あたりません。

● **SPDR ダウ ジョーンズ REIT ETF**

ティッカー： RWR　経　費　率： 0.25%
最低投資額： 93.10ドル　分配金利回り（年平均）： 3.81%
分　配　月： 3月・6月・9月・12月（年4回）
純資産総額： 13.93億ドル

「ダウジョーンズ米国セレクトREIT指数」に連動するように運用される米国ETFです。米国市場に上場しているREITにまとめて投資するようなイメージのETFです。

資産を不動産に分散させる効果を狙うもので、これ1本のみ持つ商品ではありません。

米国ETFを通じて投資できるのは米国株だけではありません。不動産などの株式以外の資産や、米国以外の特定国の企業などにも分散投資できます。また、米国株で特定のセクター（業種）の企業に絞って投資できるものもあります。

○ 各証券会社のサービスを使いこなそう

ここで紹介した米国ETFのうち多くは、**主なネット証券では購入時の手数料が無料**です。

またSBI証券、マネックス証券、楽天証券では**米国ETFに自動で積み立て投資ができるサービスがあります**から、意外に簡単に扱うことができます。積極投資に興味がある方は、ぜひ挑戦してみてください。

なお、米国ETFについては拙著『月20万円の不労所得を手に入れる！おけいどん式 ほったらかし米国ETF入門』（宝島社）でより詳細な解説を行いましたので、興味のある方はこちらも参照していただければ、より理解が深まると思います。

購入手数料無料が多いし、自動積み立てサービスも利用できる。米国ETFにはネット証券が便利そうだね

FIRE

ポイント

米ドルで投資するハードルはありますが、積極投資に挑戦するなら米国ETFも選択肢となります。分配金を得ながら、値上がり益も狙ってみましょう！

07 成長株でハイリターンを狙うなら「米国株」を

日本の小型株や成長株への投資は、NISAではオススメできません。どうしても成長株への投資がしたいのであれば米国株をオススメします。また、日本特有の優待投資もやめたほうがよいでしょう。

日本の小型株や成長株に投資したければ特定口座等で

「成長投資枠」では個別株にも投資できますから、監理銘柄や整理銘柄など投資できないとされている銘柄以外、ほぼすべての日本株を買い付けることが可能です。

そのため、私がオススメする大型株や中型株上位の高配当株・増配株以外の日本株、たとえば**小型株**（TOPIX銘柄で時価総額等が501位以下のすべての株）や、**成長株**（業績がよく、株価が高く評価されていて、さらに成長が見込める株式。配当を抑えることで資金を事業投資に回し、より速い成長を目指す。配当は少ないか無配だが、株価上昇のポテンシャルは高い）を「成長投資枠」で買ってみたい、と考える方も少なくないでしょう。

基本的には、私は**NISAの「成長投資枠」で日本の小型株や成長株を購入するのは避けるべきだ**と考えます。何度も述べているように、NISAでは損益通算や繰越控除ができませんから48ページ参照、可能な限り「負けない投資」に徹するべきだからです。

「小型株」について言えば、会社の規模が小さいので、たとえば倉庫や工場が1回火災を起こしただけでも株価への打撃は相当なものとなります。力を入れている新商品や投資案件が1つコケただけで、経営が大きく揺らぐこともあります。

また小型株は時価総額が小さく、株価の変動率（ボラティリティ）が高くなります。時価総額が大きな大型株なら多少の資金の流出入では株価にはあまり影響しませんが、小型株では大きく動きます。

中・大型株と比べるとさまざまな面でハイリスクな投資であり、安心な投資とは言えないのです。
「成長株」も同様にハイリスクです。**事業がうまくあたれば株価は一気に上昇しますが、逆に言えば事業がうまく回らなければ、配当ももらえない上に、株価も下がるというダブルパンチを受けかねません。**

どうしてもこれらの銘柄に投資したいのであれば、NISAではなく特定口座等で投資するようにしましょう。特定口座等であれば、思惑が外れて含み損になってしまった保有銘柄を損切りしたとき、少なくとも損益通算や繰越控除によって損失を節税に利用できます。

○ 優待投資は勧めないが、どうしてもやるなら……

いわゆる「優待投資」、つまり**株主優待を出している企業の株式を、その株主優待を得る目的で買い付ける投資も、NISAでは避けるようにしてください。**

株主優待はその企業の思惑次第でいつでも廃止したり、内容の変更をしたりできる制度です。とくに、人気のある株主優待を実施していた企業で優待の廃止があると、株価が急落することがあります。株主優待の存在によって企業の実力以上に底上げされていた株価が、一気に下落してしまうからです。

こうなると損切りの検討をせざるえませんが、NISAでは損益通算や繰越控除ができませんから、それは純粋な損失となってしまいます。

株主優待は日本では人気のある制度ですが、本来の企業価値に則った株価の形成を歪めかねない制度であるため、個人的には共感できません。

また海外の投資家は恩恵を受けられない制度なので、すべての株主に公平な利益還元とは言えません。不公平だとする批判も根強くあるようです。

加えて2022年に実施された東京証券取引所の再編で、上場維持基準が変更された影響もあって、**近年は優待廃止に踏み切る企業が増えている**というタイミングの問題もあります。

それでもやりたい方はいるでしょうが、その場合にはNISAではなく特定口座等での投資にし、優待内容だけでなく銘柄分析もしっかり行ってから、本当に投資すべきかどうかを判断してほしいと思います。

なお、高配当株や増配株を探していたら、それらの会社が株主優待も出していた、という場合はあるでしょう。

その場合には銘柄分析を先に行っていますから、「成長投資枠」で買い付けても問題はありません。

それら銘柄の株主優待が廃止になれば、株価は一時的に下がるでしょうが、配当金をもらいながら気長に株価の回復を待つことができます。

○ それでも成長株への投資がしたければ米国株がオススメ

株価上昇への高いポテンシャルを個別株に求めるのなら、私だったら日本の小型株や成長株よりも米国株を選びます。

理由はすでに述べたとおりで、日本企業よりも米国企業のほうが市場でダントツに評価されていますし、イノベーションを起こす力、ブランド力、ガバナンス、株主還元への姿勢、成長力などの面ではるかに魅力的だからですPart2-2。

本書冒頭の「はじめに」でも書きましたが、かつては煩雑な手続きや高い手数料が必要だった米国株も、いまではスマホ1つで手軽に売買できます。主要なネット証券を利用すれば、GAFAM（グーグル［アルファベット］・アマゾン・フェイスブック［メタ］・アップル・マイクロソフト）やテスラ162ページ参照といった超有名な米国企業の株式を、わずかな手数料で買うことができるのです。

各種資料は英語で書かれていますし、配当金にはNISAで投資した場合でも米国で10%の課税があります（売却益［譲渡益］は非課税）。しかし、米国株のパフォーマンスはそれらのデメリットを帳消しにするほど魅力的です。

私も特定口座では多くの米国株を保有していますので、その魅力はわかります。自由な投資ができるのが「成長投資枠」の強みでもあります。

ただし、1つ大事なことがあります。**米国株（個別株）に投資するなら、ETFのパフォーマンスを上回る可能性が高い米国企業を選ぶ**こと。これが鉄則です。

○ 有望な米国企業の紹介（配当あり）

以下、具体的な銘柄もいくつか紹介しておきます。まずは配当のある銘柄を示します。推奨ではありませんが、参考にしてください。

● P&G（PG）　※括弧内の文字列はティッカー、以下同様です。

パンパース、アリエール、ボールド、レノア、ファブリーズ、SK-II（エスケーツー）、ブラウンなどなど……きっとあなたの家にも1つはこの会社の商品があるでしょう。世界各国で通用する日用品のブランドを多数保有するグローバル企業がP&Gです。

今後、世界の人口は半世紀以上は増加し続けると予想されています。ヒトの日常生活に欠かせない日用品の消費はますます増えるでしょう。市場拡大が見込めますし、日用品は好況・不況に関係なく消費されるので、安定的な業績を維持しやすいのが強みです。

営業利益率（3年間平均、以下同様）は約23%。**60年以上も連続増配を続けている**ことでも知られています。

● マクドナルド (MCD)

日本でもお馴染みですが、米国企業です。世界に通用するブランドであり、世界最大級の飲食業企業です。

ブランド力で勝負できる企業は強いです。

営業利益率は約42%です。

● コストコ・ホールセール (COST)

世界各国で展開するグローバル企業で、日本でも有名になりました。

顧客から年会費を徴収し、倉庫型の店舗で商品を安く売る「会員制ホールセールクラブ」というビジネスモデルを実現している代表的企業です。

顧客は年会費を支払うことで会員となり、入場・買い物ができます。収益の柱はこの年会費で、営業利益率は約3%です。

● ディア (DE)

米国の老舗農機メーカーです。

私は農機、種子、肥料、農薬など農業系の銘柄に期待しています。

世界の人口増加に伴って食料の増産が必要とされています。ヒトが食べる農作物だけでなく、畜産物の増産も求められ、その飼料となるトウモロコシなどの増産も必要となるでしょう。にもかかわらず、渇水、洪水、スーパー台風、気温上昇などの気候変動によって農作物をつくりにくくなっています。

したがって、農業の効率化が地球規模で進められるはずです。そうした要請に応えるための技術をこの会社は開発しています。

その1つが完全自立型トラクターです。農家はモバイルデバイスからトラクターを監視しつつ、別の作業を行うことができます。

また ExactShot という技術では、種子に肥料をまく際、センサーを利用してピンポイントで散布し、肥料の使用量を60%以上減らせるとされます。

営業利益率は約16%で、次世代の農業銘柄として期待大です。

CMEグループ（CME）

商品・金融先物取引所の世界最大手です。私たちに身近なところでは「日経平均先物」を提供しています。

その特殊性および規模から参入障壁が高く、金融インフラ企業の1つと言ってもいいでしょう。

営業利益率が約57％と極めて高い高収益企業です。

MSCI（MSCI）

株価指数の算出・提供をする企業で、こちらも金融界のインフラ的存在の1つです。日本の投資家には「MSCIコクサイ・インデックス」が有名です。

株価指数はファンドなどにいったん採用されると別の指数へのスイッチが難しいため、継続的に売上を上げられます。

営業利益率は約53％の高収益企業です。

S&Pグローバル（SPGI）

信用格付け、株価指数の算出・提供を事業とする企業で、こちらも金融界のインフラ的存在の1つです。

信用格付けは「今日から始めます」と言って簡単に参入できる業種ではありません。新規参入企業による信用格付けなど、誰も見向きもしないからです。参入障壁が非常に高い分野と言えるでしょう。

もっとも有名な株価指数である「S＆P500」を算出している会社でもあります。営業利益率は約42％です。

ビザ（V）

クレジット決済の世界シェアトップ企業です。一般的なイメージとは異なり、直接クレジットカードを発行してはおらず、決済システムを提供しています。

世界中に張り巡らされた決済網を持っているということは、すなわち、インフラを提供しているということです。

自身では与信をしていないため、利用者からの返済が滞るリスクがありません。営業利益率は約66%と「モンスター級」です。

● ユニオン・パシフィック（UNP）

米国の大手民間鉄道会社で、貨物輸送を担っています。
鉄道事業は参入障壁が高く、新規参入が難しい分野です。
営業利益率は約41%です。

● ユナイテッドヘルス・グループ（UNH）

米国の医療保険最大手です。米国には日本のような国民皆保険の制度がなく、米国民は民間の医療保険に加入します。ほかに医療情報サービスの提供も手掛けています。
ヘルスケア業界は景気に業績が左右されないのが強みです。考えてみてください。「景気が悪いから、病院に行かない」とはなりません。
米国の人口が増加を続けていることから、ヘルスケア需要が伸び続けることも予想できます。
営業利益率は約9%です。

● ゾエティス（ZTS）

米国の動物用医薬品メーカーです。
人口が増えるとペットの数が増え、かつ食料需要の増大から家畜の数も増えます。アニマルヘルス業界の世界的リーダー企業である同社への投資には旨みがあるでしょう。
営業利益率は約35%です。

● ASMLホールディング（ASML）

米国企業ではなくオランダ企業ですが、米国ナスダックに上場しています。半導体製造装置のメーカーです。
半導体の微細化に欠かせないEUV露光機を製造できる世界唯一のメーカーであり、まさに「オンリーワン企業」と言えます。
営業利益率は約32%です。

以上、成長株を中心に、配当がある銘柄を紹介しました。

このほか、たとえばS&P500の組み入れ銘柄のうち連続増配を25年以上続けている銘柄を「**S&P500配当貴族**」と呼んで、条件に合致する銘柄を集めたETFがあります（25年以上の連続増配以外にも基準があります）139ページ参照。このETFの組み入れ銘柄を調べ、それら個別株に投資するのもよいでしょう。ネット検索すれば、組み入れ銘柄はすぐにわかります。

具体的にはジョンソン・エンド・ジョンソンやウォルマート、エクソン・モービル、コカ・コーラ、ペプシコなど優良な銘柄群が組み入れられています。コカ・コーラはウォーレン・バフェット氏の保有銘柄としても有名です。

また、成長株を狙うならば、先ほども少し触れたGAFAMの株式でもかまいません。ただしGAFAMについては明暗が分かれている感があります。

本書を執筆している2023年8月時点での話となりますが、アップルとマイクロソフトはともに配当があり、株価も戻しています。

一方、残りの3社はいずれも無配で、株価がピークよりも下方にあります。株価が下落して配当金も支払われず、投資家のメンタル的には厳しいパターンだと言えるでしょう。

成長株へ投資をするのであれば、厳しい状況でも将来性を信じて持ち続ける強いメンタルが必要です。

有望な米国企業の紹介（配当なし）

続いて、配当金のない（無配）成長株を紹介します。こちらも推奨ではありません。あくまでも参考情報として確認してください。

● アドビ（ADBE）

Acrobat Reader（アクロバット・リーダー）は、PDFファイルを読むソフトウェアとしてあなたも使ったことがあるでしょう。それとは知らずに無意識で使っているかもしれません。それほど浸透しています。

ほかにも画像編集ソフトウェアの Photoshop（フォトショップ）や、

グラフィックデザイン用のソフトウェアである Illustrator（イラストレーター）などが有名です。

他社が同じようなソフトウェアを開発したとしても、ユーザーは慣れている同社製品を優先することが予想でき、それが同社の強みです。

生成AIを活用したソフトウェアにも期待が持てます。

営業利益率は約35％です。

● テスラ（TSLA）

カリスマ経営者のイーロン・マスク氏が率いる電気自動車（EV）メーカーです。EV市場のトップランナーと言えます。

世界の時価総額ランキングでもトップ10に入る、世界でもっとも大きな自動車メーカーです。営業黒字化したのは数年前ですが、増収増益で急成長しています。

営業利益率は約12％です（成長途上のため、この数字だけで見ず、これからに期待しましょう）。

● メルカドリブレ（MELI）

米国企業ではなく、南米最大のEコマース（電子商取引）の会社です。米国で言えば、Amazonのような存在でしょう。南米18か国で事業を展開していて、ナスダック100指数の構成銘柄です。

新興国ゆえの成長期待と、新興国ゆえのリスクが混在します。保有するにしても、ポートフォリオの片隅に留めてください。

営業黒字化したのは数年前です。売上が急拡大中で、これからの企業と言えます。営業利益率は約6％です（成長途上のため、この数字だけで見ず、これからに期待しましょう）。

○ 個別株ゆえのリスクは常にある

具体的な銘柄名を紹介してきましたが、実際に投資する前には必ず自分で銘柄分析をして、納得した上で投資するようにしてください。

どの個別株を選ぶにしても、ETFや投資信託のように分散投資をするの

ではなく、個々の企業に単体で投資していることになります。そのため**それぞれの企業の業績が悪化したり、技術革新によって主力商品が陳腐化したりすれば、株価が下落する可能性が常にある**ことは忘れないようにしましょう。たとえば近年のメタやネットフリックスのように、どんなに有望そうに見える銘柄でも、突然に株価が急落することはありえます。そうした急落のリスクが怖いのであれば、最初から個別株ではなくETFや投資信託を利用するようにしてください。

また、代表的な株価指数よりも株価の上昇が劣る、あるいは配当が悪いような個別株にわざわざ投資をする意味はありません。そもそも指数を上回る成績を得られる自信がないのなら、最初からETFや投資信託を選ぶべきです。

個別株に投資するために、面倒な銘柄分析をして、IRリリースを読んで、決算資料をチェックするなどリソースを使っているのに、ETFや投資信託に株価上昇や配当で負けたのでは無駄の多い投資となります。

個別株を持たないと投資している気分になれないなど、不要なプライドを持つ必要なんてない！　ということを最後に強調しておきます。

ポイント

成長株への投資をどうしてもしたいのならば、私なら日本株よりも米国株をオススメします。日本の小型株や成長株は、リスクが高いので避けましょう。

08 「コア・サテライト戦略」で攻めと守りを組み合わせる

リスクを取ってリターンを狙う積極的な投資スタイルにする場合は、「攻め」だけではなく「守り」も固めましょう。安全志向な投資先をメインにしたポートフォリオ（金融商品の組み合わせ）の構築が必要です。

○「攻めの資産」だけでは危なすぎる

投資先の自由な選択が可能な「成長投資枠」では、リスクを取ってハイリターンを狙いに行く積極的な投資スタイルも実行可能です。

しかし、ハイリターンを狙うと、当然ハイリスクになります。大きく得をする可能性があると同時に、大きく損をする危険性もあります。

そこで、一部では積極的な投資スタイルを取りながらも、全体では安定的に運用する方法として「**コア・サテライト戦略**」をオススメします。

コア・サテライト戦略のイメージ

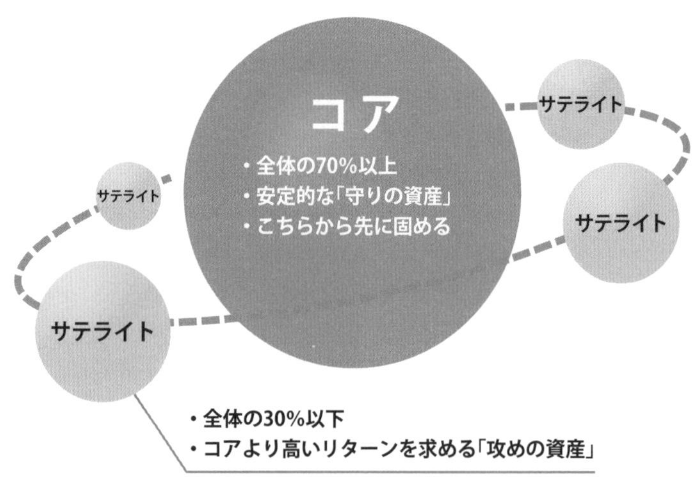
コア
・全体の70%以上
・安定的な「守りの資産」
・こちらから先に固める
サテライト
サテライト
サテライト
サテライト
・全体の30%以下
・コアより高いリターンを求める「攻めの資産」

コア・サテライト戦略をひとことで言えば、**投資先をコア（中核）とサテライト（衛星）に分ける投資戦略**です。

コアは「守りの資産」で、長期で安定的な運用が期待できる投資先です。

サテライトは「攻めの資産」で、コアよりも高いリターンを求める投資先です。

コアとサテライトでバランスを取って運用することで、全体ではリスクを抑えつつも、市場平均より上のリターンを得ることを目指します。仮にサテライトの投資先で急落が起きても、コアがしっかりと土台を築いているため、ポートフォリオ全体へのダメージを小さくできるのです。

コアとサテライトの配分は自由ですが、コアが大半を占めるようにするべきです。目安としては**70%以上はコアにしましょう**。初心者ほどコアの比率を高めてください。サテライトを増やすのは、経験を積んでからでも遅くありません。

またコアとサテライトの配分は、「成長投資枠」だけで考えるのではなく、「つみたて投資枠」や「特定口座」など資産全体を見て考えましょう。

○ 投資先の具体的な候補を挙げると……

コアとサテライトの投資先（銘柄）を考えるときには、**先にコアから固めます**。安定的な「守りの資産」と考えられるものから固めないと、リスクを取る「攻めの資産」が決められません。

また、コアとする投資先は人によって異なります（サテライトも同様です）。同じ人でも、資産額や年齢によって最適な答えは変わります。

とはいえ、「コアとサテライトの投資先は人や状況によって異なる」……そう突き放して終わるのでは不親切ですから、私の考えをもう少し具体的に書きましょう。

●「つみたて投資枠」の場合

「つみたて投資枠」でコアとして考えられるのは、S&P500に連動して運用される投資信託でしょう。または**オール・カントリー、全世界株式インデックス**など、Part2-3で紹介した投資信託です。

●「成長投資枠」の場合

「成長投資枠」では、以下のような投資先がコアの候補になります。

- □ Part3-2で紹介した、日本の高配当株および増配株で10～20銘柄に分散投資したもの 120～127ページ参照
- □ Part3-3で紹介した、東証ETFで日本株の高配当株に投資するタイプのもの 132～135ページ参照
- □ Part3-4で紹介した、東証ETFで米国株や世界株に投資するタイプのもの（MAXISナスダック100上場投信を除く）139～141ページ参照
- □ Part3-6で紹介した米国ETF（インベスコ QQQ トラスト シリーズ1ETFを除く）150～152ページ参照

これらのなかからコアを選び、全体の多くを占めるようにします。

コアの投資先や配分が決まれば、サテライトを考えます。

サテライトには、米国株に投資するタイプの東証ETFである「**MAXISナスダック100上場投信**」140ページ参照か、米国ETFの「**インベスコ QQQ トラスト シリーズ1ETF**」151ページ参照が有力でしょう。これら2つの商品はともにナスダック100に連動した運用を目指しています。

ハイリスク・ハイリターンな商品ですが、どちらもETFであるため、分散投資が可能です。

○ 米国株（個別株）は慣れてから！

最後に、米国の個別株の扱い方について触れます。

米国株でも、高配当株や増配株への分散投資であれば、投資に慣れればコアと考えることが可能です。たとえば前項で紹介した銘柄のなかでは、P&G157ページ参照、ジョンソン・エンド・ジョンソン、コカ・コーラおよびペプシコ161ページ参照は、コアとして扱ってもよいと思います。

米国の成長株は、サテライトとしての扱いになります。

たとえば配当金があるとはいえ、株価の値動きが大きいMSCIやASML

ホールディング159～160ページ参照はコアではなく、サテライトの候補として考えましょう。GAFAM156ページ参照、アドビ、テスラ、メルカドリブレなど161～162ページ参照に投資する場合にも、同様にサテライトとして考えるべきです。

また、サテライトでどれだけリスクを取れるかは人により異なります。

多少なりとも配当金がある銘柄を選ぶ人もいれば、思いっ切りリスクを取って、ハイリターンを求めてテスラやメルカドリブレを選ぶ人もいるでしょう。

投資先については、セクター（業種）が偏らないようにも気をつけてください。セクター全体で株価が急落することがあるからです。

なお、私はオススメしませんが、日本の小型株や成長株に投資する場合にも同じくサテライトとして扱うようにしましょう。

米国株の個別株は、投資に慣れるまでは、すべてサテライトとして考えておきましょう

ポイント

コアには長期で安定的な運用が期待できる投資先を選び、サテライトにはコアより高いリターンを求める投資先を選ぶことで、安定と成長の両方を狙えます。

Part 3 「成長投資枠」では高配当株・増配株・ETFで「じぶん年金」をつくる!

「成長投資枠」は使い方が自由な分、どう使っていいか悩みがち。
日本の高配当株・増配株で「じぶん年金」を構築するのがもっとも使い勝手がよい。

個別株の銘柄分析は時価総額や配当分析、チャート分析、ビジネス分析、ファンダメンタルズ分析、バリュエーション分析、リスク分析などで多角的に行う。

東京証券取引所に上場している「東証ETF」は、自力での個別株の銘柄分析に自信が持てない場合に便利に使える。

「日本株投資タイプの東証ETF」はNISAなら完全非課税で投資できる。「米国株投資タイプの東証ETF」は、NISAでも分配金に対して米国の税金が10%かかる。

ETFではない、非上場の投資信託もたくさんある。しかし、「成長投資枠」での投資先としては、あまりオススメしない。

より積極的に投資をしたいのであれば、米国ETFや米国株(個別株)をポートフォリオに取り入れてもよい。
ただし、同じく配当金には米国で10%が課税される。

コア・サテライト戦略で、攻守のバランスが取れたポートフォリオをつくり、配当金や分配金によるインカムゲインと、価格上昇によるキャピタルゲインのどちらも狙う。

Part 4

終わりよければ すべてよし! 投資のキモは「出口戦略」

NISAなどの長期投資では、
ゴールからいますべきことを逆算する
「ゴールベース」な考え方で投資に向き合いましょう。
そのためには、ゴールの姿を決める出口戦略が大切です。
Part 4ではそのポイントをかいつまんでお伝えします。

長期投資のスタート段階から老後の「出口」についても意識しよう！

最後のアドバイスするね
世のなかには、お金の増やし方の情報はたくさんあるけど
ボクは増やしたお金を最終的にどう使うかの「出口戦略」のほうが大事だと思ってる
えっ、そうなの？
FIRE

とくにNISAみたいな長期投資では、年を取ってから失敗するともうやり直しができないからね
ヨボ
ヨボ
ナルホドじゃのう

じゃあ、どんな出口戦略を想定しておけばいいのさ？
？

たとえば、こんな出口戦略が考えられるけど……

1. 増やした資産の全額現金化
2. 投資信託を少しずつ取り崩す
3. 個別株やETFから配当金・分配金を受け取る（＝じぶん年金）

③はPart3で詳しく見た方法だね

まず①の全額現金化は非現実的だよね
一度にもらってもね…
¥
自分がいくつまで生きるかはわからないから、いつ資金が尽きるか不安になっちゃうよ
$
②の投資信託の取り崩しは、「つみたて投資枠」メインの長期投資で資産をつくった人にはよさそうだけど、どう？

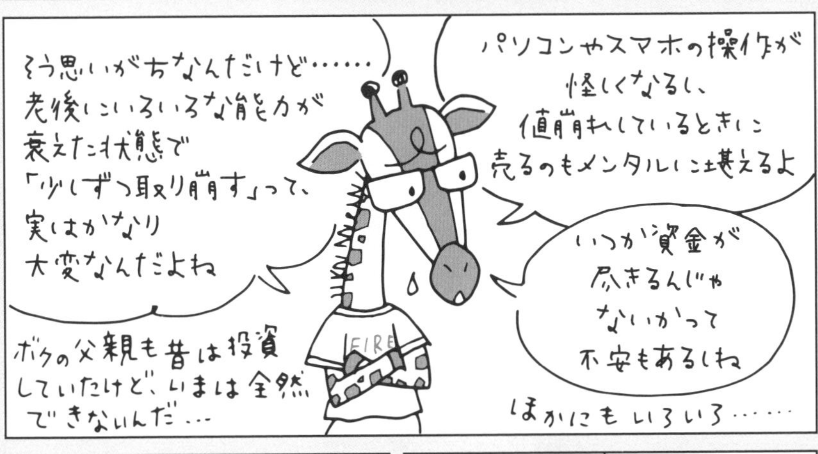
そう思いがちなんだけど……老後にいろいろな能力が衰えた状態で「少しずつ取り崩す」って、実はかなり大変なんだよね
パソコンやスマホの操作が怪しくなるし、値崩れしているときに売るのもメンタルに堪えるよ
いつか資金が尽きるんじゃないかって不安もあるしね
ボクの父親も昔は投資していたけど、いまは全然できないんだ…
ほかにもいろいろ……

じゃあ、やっぱり③の「じぶん年金」がベストなのかぁ
そうそう 大元の資産が減らないから、お金が足りなくなる心配がないのが大きいね
「じぶん年金」は死後に資産が残るから、有意義な使い道を考えるのも楽しいかも
じぶん年金
最後のレッスンへGo!

01 出口戦略は「絶対に負けられない戦い」

長期投資においては、投資で増やしたお金を、将来どのように日々の生活で利用できる現金にするかを意識する必要があります。取り返しがつかない年齢になってから慌てないようにしておきましょう。

お金の増やし方よりも出口戦略のほうが大事！

「出口戦略」と聞くと、多くの方が「自分には、まだ関係がないからいいや……」と思うようです。しかしNISA**のような長期投資においては、増やしたお金を将来、どのように使うつもりなのかが非常に重要**です。

せっかく非課税で増やしたお金も、無計画に使いまくっていればすぐになくなってしまうでしょう。あるいは配当金の受け取り方法を間違えて設定してしまい、課税されることで、長年かけて培った非課税の旨みを失ってしまうかもしれません。

そうならないようにできるだけ早い段階から、可能であればこれから投資を始める段階から、出口戦略についても具体的に意識しておくことが大切だと私は考えています。

実際に「出口」を出る年齢になってから出口戦略を学ぶのでは、残された時間が少ないために手遅れになりかねません。いつかは必ず求められる知識ですから、ぜひ早い段階から知っておきましょう。**知って備えておくことで、将来に損をすることを防げますし、現在の投資の仕方についても、より出口戦略を意識した方法を選ぶ助けとなります。**

ということで、そもそも「出口戦略」とは何か？　というところからこの最終パートを始めます。

出口戦略をひとことで言えば、**投資で増やした資産をどう現金化するか**です。別の言葉で言い換えれば、証券口座のなかにある資産をどうやって実際の生活に使える形にするか……ということです。

付け加えれば、一般的にはその先で、あなたの資産を（未来の）家族に

どう引き継いでいくのか（あるいは、あえて引き継がないのか）という部分も、出口戦略の一部だと考えます。

現金やそれに準じるお金の形にしないと、私たちは朝食の塩クロワッサンも、昼食のうどんも、夕食のお米も買えません。電気料金・ガス料金・水道料金も払えません。もちろんネット代やスマホ代も払えません。

お金の増やし方は多く語られますが、出口戦略については語られることが少ないのが現実です。私はそうした現状に警鐘を鳴らしたいと思っています。本当は、**お金の増やし方よりも出口戦略のほうが大切！** ……なのです。

○ 出口戦略の失敗は「貧乏老後」に直結する

出口戦略こそが重要である理由は、**出口戦略を失敗すると、そこからのリカバリーが非常に難しい**からです。高齢になってから資金が枯渇すると、自力で資産をつくり直すための時間がもう残っていません。投資に関する判断能力も衰えているので、新たに投資を行っての挽回も厳しくなります。

再び労働に戻って大きな収入を得ることも困難です。仮に身体が動くとしても、求人は限られているので希望する職種にはなかなか就けません。高齢になってまで希望しない条件ではもう働きたくないでしょう。生活費の足しくらいには働くことができても、もう一度、大きな資産形成をするために余分に稼ぐ体力はなくなっています。場合によっては病気などで健康状態も悪くなっているでしょう。

老後はお金の不安とは無縁に、のんびり静かに余生を送りたいもの。そうした余生を実現するためには、**出口戦略は「絶対に負けられない戦い」となならざるをえない**のです。

ポイント

投資を始める段階で、出口戦略についても考えておくのがよいでしょう。老後に失敗するとそこから状況を立て直すのは難しいので、出口戦略では絶対失敗できません。

02 投資信託の取り崩しは出口戦略に向かない

ただ現金化するだけでは、長生きした場合にいつ資金が尽きるか不安になってしまいます。投資信託の取り崩しでも同じ不安が残りますし、売る際のメンタル面の負担や機器の操作が問題となります。

○ 主に3つの出口戦略が考えられる

投資の出口戦略として考えられる方向性は、大きく分けて次の3つです。

① 増やした資産を全額現金化する
② 投資信託を少しずつ取り崩す
③ 個別株やETFから配当金や分配金を受け取る ＝「じぶん年金」

このうち、①の**全額現金化は非現実的**です。

老後に資産運用をせずに逃げ切る、つまり死ぬまで生活に必要な現金を維持するには、現金化した時点で相当な資産が必要だからです。

自分の寿命がいつ終わるかはわかりませんし、昨今の物価高のゆくえも気になります。**いくらあれば安全圏か、事前にはわかりません。**

また運用なしでは現金が減る一方になりますから、仮に資産額には余裕があったとしても（あるように思えても）、メンタル的によくありません。

やはり、なんらかの方法で運用を継続するのが現実的でしょう。

○ 投資信託の取り崩しに「老い」が立ちふさがる

②の投資信託の取り崩しはどうでしょうか？

先に結論から言うと、私はオススメしません。

投資信託は、分配金を出さずに自動で再投資するタイプであれば、お金の増え方の面では効率的なケースが多いです。そこは否定しません。

しかし、投資は「数学的要素（＝効率）」だけでは語れません。人間には心があることと、老化により能力が落ちることが問題となります。

株式市場では数年ごとに暴落があります。**少しずつ投資信託を取り崩していく過程のどこかで、必ず暴落が起こる**と考えなくてはなりません。

私自身、20数年間投資してきたなかで、リーマンショックやITバブル崩壊、コロナショックを経験しました。S&P500の下落率（月次ベース）は、コロナショックのときには20%、ITバブル崩壊のときには46.3%、リーマンショックのときには52.6%に達しました。

これらの数字を見ると、投資信託の取り崩しは心理的に容易なことではない、と想像できるのではないでしょうか？　**平常時にはできると思いがちですが、いざその暴落の渦中にいると、想像を絶する難しさがあります。**

さらに、暴落とまではいかずとも、価格の数%程度の下落は毎年のように起こります。

仮に投資信託の評価額が2000万円あったとしましょう。1か月で8%価格が下落したとすると、評価額では160万円目減りすることになります。

そうした状況下で、その月の生活費分（年金では不足する額）の投資信託を、平常心で取り崩せる（売れる）でしょうか？

きっと、不安になります。いまビジネスパーソンである方には給料というキャッシュフローがありますが、老後にはそれがなく、投資信託と公的年金に頼るしかありません。収入が不足するなかでの資産（評価額）の減少は、想像以上にメンタルに堪えます。その状況下での取り崩しなのです。一部とはいえ価値の減少を確定することになる行為ですから、想像以上に心理的な抵抗が生じます。

また、人間は老います。**老化とともに投資に必要な判断力、視力、手指の動きなどが鈍くなります。**

「いまのあなた」はあたり前に投資判断ができるかもしれませんが、「老いたあなた」は判断を誤ったり、判断ができなくなったりします。認知能力が落ちるからです。

「いまのあなた」は文字がはっきりと見えます。たとえば「6」と「8」や、「バ」と「パ」を見間違えることはないでしょう。しかし「老いたあなた」は、老眼や白内障を患っていて見間違える可能性があります。

「いまのあなた」は手指が自由に動いて、スマホやパソコンを自由に操作できています。しかし「老いたあなた」は、現在のように手指が自由に動かなくなるものです。

「いまのあなた」が普通にできることでも、「老いたあなた」はいろいろとできなくなるのが現実です。

あなたがまだ若ければ、きっとご両親も高齢ではなく、老いるということを具体的に想像できないと思います。しかし仮にあなたが30代なら、10代の頃のようなほとばしるエネルギーはもう自分にはないことを感じているはずです。40代にもなれば、徹夜をしたら翌日は確実に堪えます。50代ならば老眼が始まっているでしょう。

私自身のことを言えば、40代後半から手元の文字が見えにくくなりました。こうして冷静に考えてみれば、誰しも老化に伴う能力の低下を感じているはずなのです。

私は、父が高齢になって「鈍く」なり、それを自覚して自ら投資家を引退する姿を目のあたりにしました。高齢になると、自分もきっといまのようにはいかないな……と痛感したものです。

いまはよくても、老化すると……

◉年金収入のみで給与収入がないので不安

◉投資に際しての判断力が大きく低下

◉視力低下で資料の読み込みが難しい

◉パソコンやスマホの操作がおぼつかなくなる

内閣府発表の『令和3年版　高齢社会白書』によれば、平成30年度末で75歳以上の高齢者が「要支援」の認定を受ける割合は8.8%、「要介護」では23.0%、合計で31.8%となっています。

実に高齢者の3人に1人は「要支援」もしくは「要介護」の状態にある

のです。年齢が上がるとともに、その率が上がることも容易に想像できます。決して他人事ではない数字だとわかっていただけたでしょうか？

そのように能力が落ちた状態で、投資信託を少しずつ取り崩していくのは非常に難しいだろう、と私は考えています。

さらに言えば、**資産を長く取り崩し続けていると、その資産がいつか枯渇してしまうのではないかと不安になるもの**です。65歳のときには十分あると思えた資産が、85歳になったときにはずいぶんと減ってしまい、「これで100歳まで持つのだろうか……」と不安になります。

本来、長生きは嬉しいことのはずなのに、「長生きリスク」を心配する。生活費が足りないために無理な節約をする。――私は、老後にそんな不安を抱えるのはイヤですし、倹約に汲々とする生活もしたくありません。

経済的に安心できる老後を送る、というゴールを想定するのであれば、投資信託を少しずつ取り崩していく出口戦略は、目的達成に適していないように私には感じられます。

●投資信託の自動取り崩しサービスもあるが……

証券会社によっては、投資信託の自動取り崩しサービスを提供しているところもあります179ページ参照。

しかし、これも「売る」というタスクを自動化しているにすぎず、投資信託を少しずつ取り崩していく戦略自体には変わりありません。そのため、暴落時や急落時の取り崩しには心理的な不安が生じるでしょう。資産枯渇への不安から逃れることもできません。

さらには、途中で取り崩しの設定を変更する必要が生じたときに、それに気がつく能力も衰えています。仮に気づけたとしても、新たな設定を計算し直して、スマホやパソコンから入力（操作）する必要があり、高齢で衰えた状態ではそのハードルは決して低くないでしょう。

○ 投資信託の取り崩しを出口戦略にする場合の条件

これらの問題を解決して、投資信託の取り崩しを安心できる出口戦略とするためには、次の2つの条件を満たすことが必要だと私は考えます。

02 投資信託の取り崩しは出口戦略に向かない

① **100歳まで取り崩しても枯渇せず、さらに、そこから一定のバッファ（余裕）を持てるくらいに大きな資産をつくる**
② **自身の子どもに、身近で資産運用や取り崩しのサポートをしてもらえる環境をつくる**

①の資産の「バッファ（余裕）」とは、想定以上に長生きした場合でも老後資産を枯渇させないために、また、後期高齢者となる75歳以降に将来への不安を生じさせないために、**余分に用意しておくべき資産額**のことです。

現在、私たち日本人の平均寿命は男性で約81歳、女性で約88歳です（令和3年簡易生命表・厚生労働省）。平均より長生きする場合を考慮しても、**おおよそ100歳まで生きた場合に必要な額をあらかじめ用意しておけば、そうそう生活費が不足することにはならない**でしょう。

その上で、**さらに1～2割程度のバッファを加えた資産額を老後までに用意できるのであれば、投資信託の取り崩しであっても、出口戦略として十分に現実的になります**（ただし、Part4-3で後述する「じぶん年金」の出口戦略ならば、より不安なく生きられるでしょう）。

なお、これは個別株やETFによる「じぶん年金」の構築よりも、投資信託を取り崩す場合のほうが、出口戦略においてより多くの資産額を必要とする、という意味ではありません。
「じぶん年金」では老後には配当金（分配金）を受け取るのみで取り崩しをしないため、それなりの資産額を持つ必要があります。ミスリードにならないよう記しておきます。

②の条件については、ハードルが3つあります。

1つには、**子どもが資産運用の知識を身につけてくれること**が必要です。

また、**生涯にわたって子どもが同居してくれるか、もしくは近くに居住してくれること**が必要です。

さらに、**その子どもが信用できる人物に育ってくれなければなりません。**

これらの3つのハードルを越えられないと、老後に投資判断の能力が衰えたときに、子どものサポートを期待することは難しいでしょう。

取り崩しによる出口戦略を成り立たせる条件

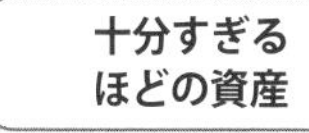

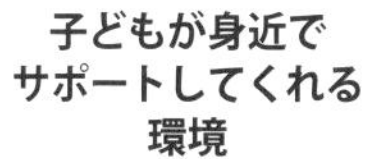

子どもが身近で
サポートしてくれる
環境

逆に言えば、これらの条件をすべて満たせるのであれば、投資信託の取り崩しという出口戦略であっても、とくに問題はありません。

しかし現実にこれらの条件を満たせる人はごくわずかであることから、投資信託の取り崩しは出口戦略には不向きであると私は判断しています。

優良な個別株やETFに分散投資することで、配当金や分配金を継続的に受け取れる仕組みをつくる「じぶん年金」を出口戦略とする選択のほうが、投資信託の取り崩しよりずっと実現性が高いはずです。

○ 楽天証券の「投資信託・定期売却サービス」は便利！

私は、何が何でも「じぶん年金」による出口戦略をゴリ推しする気はありませんので、「投資信託の取り崩し」で便利に使えるサービスも紹介しておきます。

先ほど少し触れた**投資信託の自動取り崩しサービス**です。これを上手に利用すると、取り崩しの際に問題となるメンタル面の負担や、パソコンなどの操作能力の低下をある程度カバーできる可能性があります。

現在、いくつかの証券会社が類似のサービスを提供していますが、なかでも楽天証券の「**投資信託・定期売却サービス**」が優れていますので、ここではその概略を解説します。

楽天証券の「投資信託・定期売却サービス」を利用すると、**投資信託の運用を続けながら、毎月、一定の売却代金を受け取るように簡単に仕組み化できます。**

一般口座、特定口座、NISA口座のすべてに対応しており、取り崩し方法を次の3つから選べます。

① 金額指定

毎月一定額を売却します。たとえば毎月5万円と金額指定すれば、毎月5万円分の投資信託が自動的に取り崩され、その売却代金を受け取れます。

② 定率指定

毎月、定率で売却する設定です。たとえば1%に定率指定すれば、毎月、保有している投資信託の1%分だけが自動的に取り崩され、その売却代金を受け取れます。

③ 定口(期間)指定

最終受取年月を設定すると、保有口数を取り崩し開始月から最終受取年月までの月数で等分し、自動的に「定口」を計算します。以後、毎月この「定口」分だけ投資信託が自動的に取り崩され、その売却代金を受け取れます。

たとえば投資信託が120万口あり、最終受取年月を10年後に設定すれば、120万口÷(10年×12か月)＝毎月1万口ずつ自動的に取り崩される、というわけです。

楽天証券の「投資信託・定期売却サービス」は、「定額」「定率」「定口」と選択肢が充実しています。

ほかにSBI証券やセゾン投信、フィデリティ証券などが投資信託の自動取り崩しサービスを一部提供していますが、主要な証券会社のなかで取り崩し方の設定方法が3つも用意されていて、かつNISA口座にも対応して

いるのは、本書執筆時（2023年8月）では楽天証券のみです。

投資信託の取り崩しを自らの出口戦略としたい場合には、これらのサービスを利用することで、取り崩しの手間や心理的な負担を多少は軽減できるのではないでしょうか。

○ 投資信託はお金を増やす局面ではよい商品です！

出口戦略においては投資信託は向かないという話をしましたが、これは、投資信託が金融商品としてよくないと言っているわけではないことを、念のために再度、付言しておきます。

投資信託は資産を形成しようとする段階では非常に役立つ金融商品です。分配金を出さずに再投資するタイプの投資信託は、効率的にお金を増やすのに最適です。そこを否定する気はまったくありませんので、誤解のないようにしてください。

本書の想定読者の多くは、いままさしく資産を形成しようとするタイミングでしょう。そんなあなたが、新しいNISAの「つみたて投資枠」で（場合によっては、iDeCoなどでも）投資信託の積み立てをしようとするのは正しい行動ですから、やめずに継続してください。

年齢や資産額を鑑みながら、どこかの段階で出口戦略にシフトする必要があるということです。お金を増やす投資法（資産形成）と、お金を守る投資法（出口戦略）は異なることを理解しておきましょう。

ポイント

出口戦略として全額現金化はナンセンス。また投資信託を少しずつ取り崩していく方法には、心理的な負担や手間、老化による能力低下の問題があります。

03 もっとも実現しやすく、持続可能なのが「じぶん年金」

長期投資でつくり上げた資産から、年金だけでは老後の生活に不足する分の資金を配当金や分配金の形で継続的に受け取る仕組みをつくりましょう。それが「じぶん年金」です。

○「じぶん年金」は持続可能な出口になる

私は本書でも、他のメディアでも、これまで一貫して「じぶん年金」をつくる出口戦略をオススメしてきました。

改めて定義すれば、**「じぶん年金」とは、個別株の配当金およびETFの分配金を老後の生活費にあてる出口戦略**です。

原則として保有する株式等は売らず（取り崩しせず）、何か大きな買い物をするときのみ売却します。**老後のキャッシュフローを「公的年金＋じぶん年金 ＞ 生活費」としておけば、取り崩す必要は生じません。**

しかも、公的年金（老齢年金）は課税所得であるのに対して、新しいNISAの「成長投資枠」からの「じぶん年金（個別株やETFの配当金・分配金）」には税金がかかりません。永久に非課税です（ただし、特定口座等からの「じぶん年金」には課税されます）。

「じぶん年金」の構築法としては、本書でここまでに述べてきたとおり、次の5つの方法が考えられます。いくつかをミックスしてもかまいません。

① 日本株の高配当株や増配株に分散投資（10～20銘柄程度）
② 東証ETFで日本株の高配当株に投資するタイプを保有
③ 東証ETFで米国株の高配当株に投資するタイプを保有
④ 米国株の高配当株や増配株に分散投資（10～20銘柄程度）
⑤ 米国ETFで米国株の高配当株に投資するタイプを保有

なお、どの方法を選択した場合にもあてはまることですが、値動きの大きな銘柄は避けましょう。資産が大きく目減りする可能性を排除するためです。

それぞれの方法について、ざっくりとおさらいしておきます。

① 日本株の高配当株や増配株に分散投資(10～20銘柄程度) Part3-2

日本株の高配当株・増配株、10～20銘柄程度に分散投資する方法です。

日本円で配当金を受け取ることができます。

決算情報の確認や、株価急落時には銘柄ごとの原因調査などが必要となりますが、仮に高齢になってそれが上手にできなくなったとしても、10～20銘柄に分散していれば個別銘柄の暴落による資産全体への影響は抑えられます。

不安なら、保有銘柄数を20より多くしてもかまいません。

② 東証ETFで日本株の高配当株に投資するタイプを保有 Part3-3

東証ETFのなかでも、日本株の高配当株に投資するタイプを保有します。

日本円で分配金を受け取ることができます。

ETFは複数持たなくとも、1本持つだけで分散投資が可能です。運用会社が投資先の入れ替えなどもしてくれるため、自分ですることはほぼ何もありません。メンテナンス・フリーでお手軽です。

③ 東証ETFで米国株の高配当株に投資するタイプを保有 Part3-4

②と同様の商品ですが、投資先が米国になります。

米国企業の成長力が魅力だと感じる方は、このタイプの商品を保有するといいでしょう。とくに老後に米国株に投資するなら、東証ETFが扱いやすいと思います。

東証ETFならば、米国株に投資しながらも分配金が日本円で受け取れるのは魅力です。ただし、実質的に為替変動リスクがあります。

また、NISAであっても分配金に米国側での課税（10%）が発生します。

④ 米国株の高配当株や増配株に分散投資(10～20銘柄程度) Part3-7

①の米国株（個別株）バージョンです。

米国株の成長が世界のなかでももっとも魅力的であると感じる場合には、この選択が適しています。

ただし配当金は米ドルになり、老後の生活費とするには円転（えんてん）（米ドルを日本円に替えること）が必要です。「いまのあなた」があたり前にできる操作も、「老いたあなた」が簡単にできるとは限りませんから、その点はあらかじめ注意しておきましょう186ページも参照。

ドル建て資産なので為替変動リスクもあります。

また、NISAであっても配当金に米国側での課税（10%）が発生します。

⑤ 米国ETFで米国株の高配当株に投資するタイプを保有 Part3-6

④の米国ETFバージョンです。

個別株ではどうしてもリスクが上がりますが、ETFにすれば手軽に分散投資を実現でき、リスクを抑えられます。

1本持つだけで分散投資が可能で、運用会社が投資先の入れ替えなどもしてくれますのでメンテナンス・フリーです。

ただしこの場合も、分配金が米ドルになることがハードルとして残ります。もちろん為替変動リスクもあります。

また、NISAであっても分配金に米国側での課税（10%）が発生します。

これらの方法のいずれかを好みで選び、あるいは組み合わせ、老後生活の不安を払拭するための「じぶん年金」をつくりましょう。

そのための方法は、本書（とくにPart3）で詳しく解説してきました。

全額現金化や投資信託の取り崩しに比べて、より実現しやすく、また老後になってからも資産の取り崩しをしないので、一番安心できる出口戦略だと私は考えています。

○ いろいろなサービスを使いこなして「老い」に備える

出口戦略として「じぶん年金」をつくろうとする際に、便利に利用できるサービスを2つ紹介しておきます。

●マネックス証券の「銘柄スカウター」

日本株や米国株の個別株を保有する場合には、年に1度は決算の確認をすることが必要でしょう。少なくとも高齢になって能力的にできなくなるまでは、ときどき保有銘柄の業績や配当等をチェックし、問題が生じた銘柄を入れ替えたほうがいいからです。

このとき便利に使えるのが、**マネックス証券の「銘柄スカウター」**です。

決算データ（売上、営業利益、当期利益、1株あたり利益など）を過去10年間以上、配当履歴も過去10年間にわたり、すべて日本語で確認できます。

その他の証券会社のサイトにも銘柄（業績）分析ツールはありますが、掲載項目、年数、見やすさの三拍子が揃うのは、マネックス証券の「銘柄スカウター」だと思います。数字の推移をしっかりと追うことが可能です。

またマネックス証券で取り扱っている米国株などの外国株についても、日本語でこれらの情報を確認できますから、英語の資料を読み解く手間も省けます。

高齢になってからだけでなく、若い人でも個別株、とく

銘柄スカウターの分析画面の例（トヨタ自動車）

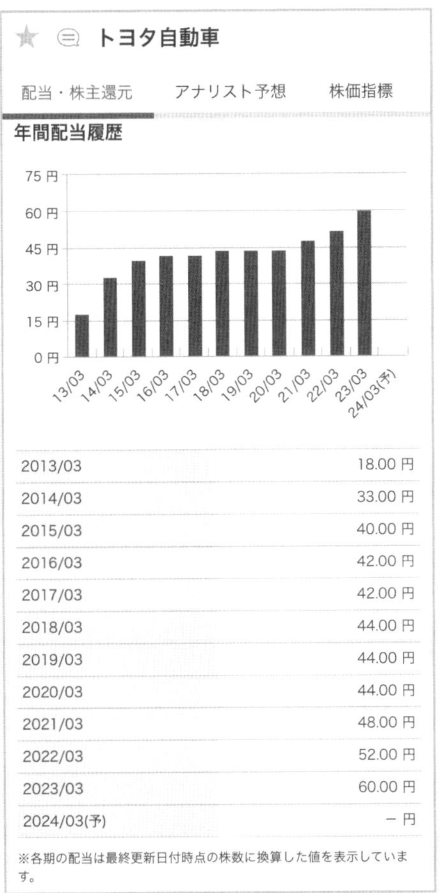

2013/03	18.00 円
2014/03	33.00 円
2015/03	40.00 円
2016/03	42.00 円
2017/03	42.00 円
2018/03	44.00 円
2019/03	44.00 円
2020/03	44.00 円
2021/03	48.00 円
2022/03	52.00 円
2023/03	60.00 円
2024/03(予)	ー 円

※各期の配当は最終更新日付時点の株数に換算した値を表示しています。

出所：マネックス証券「銘柄スカウター」
https://www.monex.co.jp/

に米国株の個別株を扱うのであれば、マネックス証券に口座を開設することをオススメします。メインの証券会社は別のところであっても、銘柄スカウターを使うためにマネックス証券に口座開設し、サブ口座にする価値があります。

銘柄スカウターの分析画面の例（マイクロソフト）

★ MSFT マイクロソフト
ダウ30｜ナスダック100｜NASDAQ｜ソフトウェア
企業分析　株価/チャート　ニュース　セグメント業績　配当　アナリスト予想　株価指標

(単位：百万USD)

決算期	売上高	営業利益	税引前利益	当期利益	EPS
2007/06	51,122	18,524	20,101	14,065	1.42USD
2008/06	60,420	22,492	23,814	17,681	1.87USD
2009/06	58,437	20,363	19,821	14,569	1.62USD
2010/06	62,484	24,157	25,013	18,760	2.10USD
2011/06	69,943	27,161	28,071	23,150	2.69USD
2012/06	73,723	27,956	22,267	16,978	2.00USD
2013/06	77,849	26,764	27,052	21,863	2.58USD
2014/06	86,833	27,886	27,820	22,074	2.63USD
2015/06	93,580	28,172	18,507	12,193	1.48USD
2016/06	85,320	21,292	19,751	16,798	2.10USD
2017/06	89,950	22,632	23,149	21,204	2.71USD
2018/06	110,360	35,058	36,474	16,571	2.13USD
2019/06	125,843	42,959	43,688	39,240	5.06USD
2020/06	143,015	52,959	53,036	44,281	5.76USD
2021/06	168,088	69,916	71,102	61,271	8.05USD
2022/06	198,270	83,383	83,716	72,738	9.65USD
2023/06	211,915	88,523	89,311	72,361	9.68USD

※前期比・指数は各項目を12か月換算した値を表示しています。

出所：マネックス証券「銘柄スカウター」
https://www.monex.co.jp/

●楽天証券の「米国株の配当金などを日本円で受け取れるサービス」

米国株の個別株、あるいは米国ETFに投資した場合、配当金や分配金が米ドルになることが老後生活のハードルになると述べました。

このハードルを解消してくれそうなのが、楽天証券が最近（2023年5

月）始めた**米国株の配当金および米国ETFの分配金を日本円で受け取れるサービス**です。

米ドルの配当金や分配金が、自動的に円に両替されて証券口座に日本円で入金されるため、自分自身で米ドルを円転する操作が不要になります。

もちろん米ドルを日本円に両替するときの通常の為替手数料は発生しますが、このサービス独自の手数料は必要ありません。

非常に高齢者フレンドリーなサービスで、老後の出口戦略の選択肢を増やしてくれたと判断していいでしょう。

なお、従来どおり配当金を米ドルで受け取ることも可能です。資産形成期は米ドルで受け取って再投資、出口戦略としては日本円で受け取って「じぶん年金」にするといいでしょう。

他のネット証券においても、同様のサービスの導入が待たれます。

自動両替サービスのイメージ

米ドルでの配当金・分配金

証券口座

自動的に日本円に両替

※米ドルのまま受け取ることもできます。

ポイント

Part3で紹介した多様な方法によって「じぶん年金」をつくることが、多くの人に実践可能で、資金が尽きる不安とも無縁でいられるベストな出口戦略です！

04 配当金の受け取り方法の設定を間違えないで!!

配当金や分配金の受取方式は4種類ありますが、NISAの非課税扱いが適用されるのはそのうちの1つだけ。間違えないように注意しましょう！　もし別の設定になっていたら、すぐに変更するのが賢明です。

○ 選択を誤るとNISAでも課税される!?

配当金や分配金の受取方式の設定について、1つ注意点があるので述べておきます。これは出口戦略としてはもちろんですが、それだけではなく、NISA口座で投資をするときには必ず確認するようにしましょう。

配当金や分配金の受取方式は4つあります。**ここの設定を間違えると、なんとNISA口座なのに課税されてしまう**のです（譲渡益への非課税には影響ありません。また、上場していない投資信託の分配金については、この設定を必要としません）。

①　株式数比例配分方式

保有するすべての銘柄の配当金を、証券会社の口座で受け取る方式

②　配当金領収証方式

配当金領収証を自宅へ郵送してもらい、それをゆうちょ銀行等に持ち込んで配当金を受け取る方式

③　登録配当金受領口座方式

保有するすべての銘柄の配当金を、指定した1つの銀行口座で受け取る方式

④　個別銘柄指定方式

銘柄ごとに指定した銀行口座で配当金を受け取る方式

このうち、**NISAで配当金やETF［上場投資信託］の分配金が非課税になるのは①の株式数比例配分方式のみ**です。ほかの受取方式を選択すると、通常どおり20.315%の課税がされてしまいます（源泉徴収されます）。

証券口座を開設するときに受取方式の選択をする箇所がありますから、**必ず「株式数比例配分方式」を選択**しましょう。「NISAで課税」なんて、笑えないことにならないようご注意ください。

○ 別の受取方式になっていても変更できます

すでに証券口座を保有している場合には、証券会社のサイトの「お客様情報」や「マイページ」などにある「口座情報」や「口座管理」のページにアクセスすると、配当金や分配金の受取方式がどれに設定されているかを確認できます。

もし「株式数比例配分方式」以外の受取方式になっていても、変更できますから安心してください。

ネット証券であれば、たいていは同じページで変更の申し込みもできるようになっています。

えっ、
なんで!?
BANK
NISAなのに
税金が引かれて
いる……

ポイント

配当金やETFの分配金の受取方式は、必ず「株式数比例配分方式」に！　ほかの方式を選択していると、NISAの非課税メリットが受けられません。

05 死後に残される資産はどうすればいい?

あなたが死んだあと、投資の知識や経験がない家族が米国株の個別株や米国ETFなどを相続したら、困惑するかもしれません。
自分の死後のことまで考えるのも、出口戦略の一部です。

○ 死後に残るお金をどうするかも考えてみる

出口戦略として「じぶん年金」の構築をする場合、老後も基本的に資産を現金化しませんから、本人の死後にその資産が残ります。その使い道についても、少し考えておいたほうがよいでしょう。

お金も株式も、あの世までは持っていけません。

死ぬときには自分でつくった資産を使い切って、0円で死にたいという考え方もありますが、事前に自分の寿命を知ることができないのが問題です。いつ死ぬかがわからないので、0円ちょうどで死ぬことを計画するのはまず無理です。

けれど、たとえお金が残ったとしても、お金が足りなくなって老後に生活費の心配をするよりは100倍マシでしょう。

残ったお金は後世の人たちに有効活用してもらいましょう。死後も自分の意思が生き続けるお金の使い方があります。

たとえば以下のような使い方です。

① **お子さん・お孫さん・配偶者への相続**
② **自治体などへの寄付・寄贈**
③ **「マイ基金」をつくる**

それぞれ簡単に説明していきます。

お子さん・お孫さん・配偶者への相続

お子さんやお孫さん、配偶者などの家族に資産を相続させたい場合には、できるだけ「シンプルな資産」を継がせられるよう配慮しておくといいでしょう。

たとえば投資信託くらいにしか投資経験がない人に、米国株の個別株を大量（多種）に残すと、受け継いだほうが対応に困ります。投資知識がそこまでないために持て余してしまうのです。

お孫さんに資産を継がせたい場合には、相手がまだ若く、投資経験がゼロの可能性もあるため尚更です。

家族や親族への資産の引き継ぎを考える場合には、資産の種類を東証ETFか投資信託にしておくと、受け継ぐ側が戸惑わなくて済むでしょう。ただし、Part4-2で既述のとおり、投資信託の取り崩しを自らの出口戦略とすると、人生の最後の段階で資産枯渇の不安を抱えることになったり、取り崩し自体が困難になるなどの問題がありますので、個人的には東証ETF（日本株はもちろん米国株や世界の株式に分散投資が可能）をオススメします。

個別株を相続させたい場合でも、外国株はやめて日本株に留めるのがよいと思います。

●生前贈与という選択肢もある

詳しくは相続や贈与の本に譲りますが、**生前贈与（暦年贈与）であれば年間110万円までは非課税となります**（ただし、2024年から生前贈与分を相続財産に加算する期間が3年から7年に延長されますから、今後はより早めの対策が求められます）。

相続財産が多くなった場合には、生きているうちに一部を少しずつ贈与していくことで、節税しつつ資産の移譲を行えます。希望があるのであれば、税理士などの専門家に相談してみるといいでしょう。

現金化せずとも、株式や投資信託等のまま贈与することも可能です。

○ 自治体などへの寄付・寄贈

晩年や死後に、自治体や民間の団体などに寄付・寄贈を行うことも考えられます。

私自身、晩年になったら地元の自治体に高規格救急車を寄贈するつもりでいます。車種はトヨタのハイメディックで、予算は2500万円程度です。今後の資産状況によっては消防車も追加したいと思っています。

ほかに、私は子ども食堂の活動もしているので、その活動に関連した寄付も考えています。

本書の「キリン先輩」のように、車体に小さくキリンのマークを入れた救急車が地元を走る姿を見てみたいと思っています。もしくはナンバープレートの番号を私の誕生日にしておくとか、私が好きな投資先の証券コードにしておく、なんてのもおもしろそうです（本当にそうできるかどうかは、まだわかりません)。

このように、**あとに残していく資産の一部を、世のなかのために役立つ公益的な使い方にあてる**というのは、満足感が高い選択になるでしょう。

ただし事前に弁護士などともよく相談し、死後の寄付・寄贈について遺言書作成など必要な手続きをきちんと済ませておくことが大事です。あいまいにしておくと、遺産相続の際に揉める原因となりかねません。

また、寄付や寄贈を考えている自治体や民間の団体にも事前の相談が必須です。相手が求めていないものを贈って「ひとりよがりな親切」にならないよう、事前準備を怠らないでください。

相続トラブルのリスクを完全に消しておきたければ、寄付や寄贈はまだ自分が元気なうちに行ったほうがよいかもしれません。それであれば、自分のお金を自分の好きなように使うだけですから。

○ 「マイ基金」をつくる

「マイ基金」をつくるという手段もあります。

あとに残していく資産を、自分の意思で公益活動を応援するための基金とする方法です。

　複数の公益財団法人が「マイ基金」の窓口業務を行っています。自分の想いに合致する分野を指定し、税金の優遇を受けつつ、手続きはすべて窓口となる公益財団法人に行ってもらえるメリットがあります。

　自分で財団をつくるのは、設立の手続きや運営面でのハードルがかなり高いのですが、「マイ基金」ならば比較的手軽です。金額は公益財団法人によりますが、数万円から100万円程度でも実現可能です。

　資産を現金化する必要もなく、株式等のままでも受け入れてもらえます。基金の元本（私の場合は株式）を取り崩さずに、その運用収益によって永続的に助成活動する選択肢もあります。

　生前の申し込みももちろん可能ですし、遺贈も受け付けていますから、「じぶん年金」としてギリギリまで利用した株式やETFを死後そのまま遺贈する、といった方法も選べるでしょう。

「マイ基金」には自分の名前をつけられる場合もあり、たとえば「おけいどん地域猫基金」「おけいどん子ども食堂基金」などとすることも可能です。

　ここで紹介した「相続」「寄付・寄贈」「マイ基金」のいずれであっても、あなたの死後もあなたの分身（=株式等）が生き続け、家族や子孫に、あるいは社会や地元、ふるさとなどで次世代を担う誰かに貢献してくれます。こんなに素晴らしいことはないのではないでしょうか。

ポイント

出口戦略として「じぶん年金」をつくった場合、自分の死後に残された資産をどうしたいのか、ある程度の年齢になったら考えておきましょう。

Part 4 終わりよければすべてよし! 投資のキモは「出口戦略」

老後の出口戦略についても早い段階から考えておく。万一、失敗してしまうと、年を取ってからでは立て直しが難しい。

増やした資産をいきなり全額現金化するのはナンセンス。老後も運用は必須。

投資信託のまま少しずつ取り崩し、生活費にあてていく出口戦略は、いまはできるように思えても、実際に高齢になると想像以上に難しくなる。

あえて少しずつ取り崩していく出口戦略を取るのであれば、資金枯渇の不安や、相場低迷時のメンタルの負担、機器の操作がおぼつかなくなること等に備えてできるだけ自動化する。

「じぶん年金」は資産を取り崩さずに、配当金や分配金を継続的に得ていく出口戦略なので、資金枯渇の不安がなくオススメ。

配当金やETFの分配金の受取方式は、必ず「株式数比例配分方式」にする。ほかの方式だと、NISAであっても非課税にならない。

「じぶん年金」の場合、死後それなりの資産が残るので、ある程度の年齢になったら相続トラブルの防止や、より有意義な使い道についても考えておきたい。

巻末付録

新しいNISAで投資を行おうとするとき、
よく出てくる疑問や注意点、対処のポイントなどを
Q&A形式でご紹介します!

サクッとわかる!
新しいNISAのよくある疑問

Q 同じ投資先に投資する投資信託やETFがたくさんありますが、何を基準に選べばいいでしょうか?

A たとえばS&P500に連動するように運用される投資信託やETFはたくさんあります。基本的には、これらの類似した商品のなかでも**信託報酬**（米国ETFでは「経費率」と言います）**ができるだけ安く、純資産総額ができるだけ大きい**銘柄を選ぶようにすればいいでしょう。

運用にかかるコストは安いに越したことはありません。また純資産総額が大きいほど運用が安定すると言われます。逆に純資産総額があまりに小さいと、途中で運用をやめてしまうリスクがあります。

このほか、**新しく設定されたばかりの投資信託やETFはあまりオススメしません**。どのようなパフォーマンスなのか、実績がなく判断できないからです。

あとは分配金を日本円でもらいたいか、米ドルでもらいたいかなどの観点で、好みの商品を選んでください。

Q 投資先の銘柄を選ぶ際、動画やブログの記事などを参考にしても大丈夫ですか?

A もちろんある程度は参考にしてかまいませんが、**一部のインフルエンサーの情報発信を鵜呑みにしない**ことが重要です。有名な誰かのオススメだから買うというのでは、いつまで経っても投資のスキルは上達しませんし、知識もつきません。

必ず、自分でも当該企業の中期経営計画や統合報告書（アニュアル・レポート）、決算情報、業績の推移などを確認し、配当分析なども行ってください。

動画やブログは新しい銘柄と出会ったり、新しい投資知識を得たりするきっかけにはなります。しかし、それだけで「決定」してはいけません。**常に自分の頭で考えて、理解しようとするクセをつけましょう。**

Q 投資関連情報を収集する際、オススメの情報源などがあれば教えてください！

A 時事のニュースに関してはブルームバーグやロイター、日本経済新聞の電子版、「AERAドット」などを私はよく利用しています。

企業情報に関しては、各企業のIRページに掲載されている中期経営計画や統合報告書、株主通信、IRリリースなどを確認します。

投資のスキルや知識に関しては、証券会社が開催しているウェビナーに参加することや、各種の投資本を読むことをオススメします。

このほか、何かを調べようとするときにはグーグルで「ニュース検索」機能を使用しています。

X（旧ツイッター）などのSNSからも「きっかけ」を得ることはありますが、必ず一次情報か報道などでファクトチェックを行うようにしています。

Q オススメの投資本はありますか？

A 米国で出版された本の訳書に良書が多いと思っています。

とはいえ、取っつきやすさでは日本の個人投資家の本が一番でしょうから、そこから入ってもいいと思います。

ここでは訳書を中心に、個人的なオススメ投資本を5つ紹介します（1つはマネー誌）。

①**『サイコロジー・オブ・マネー　一生お金に困らない「富」のマインドセット』**（モーガン・ハウセル 著、児島修 訳／ダイヤモンド社）

投資への姿勢やお金との向き合い方などが学べる1冊です。具体的な投資手法を学ぶ前に、この本で基礎を固めましょう。読みやすい本です。

②『千年投資の公理』（パット・ドーシー 著、井田京子 訳／パンローリング）

銘柄分析の本です。優良銘柄が持ち合わせる「経済的な堀」について学べます。

③『億万長者をめざす　バフェットの銘柄選択術』（メアリー・バフェット 著、デビッド・クラーク 著、井手正介 訳、中熊靖和 訳／日本経済新聞出版社）

銘柄分析の勉強になります。ただし、後半は経験者向けです。

④『史上最強の投資家　バフェットの財務諸表を読む力』（メアリー・バフェット 著、デビッド・クラーク 著、峯村利哉 訳／徳間書店）

バフェット流の損益計算書、貸借対照表、キャッシュフロー計算書の読み方が学べます。

⑤「AERA Money」（朝日新聞出版）

年に2度発売される投資雑誌です。しっかり取材、裏取りされた記事は勉強になります。ウェブ版の「AERAドット」にもよい記事が多いので、重宝しています。

Q 著者の桶井道さんは、新しいNISAでどんな銘柄に投資するつもりですか？

A 「つみたて投資枠」では、**S&P500に連動するように運用される投資信託**を買います。

「成長投資枠」では、**「じぶん年金」の構築**を意識します。日本株の大型株と中型株上位銘柄から、高配当株と増配株を厳選して買うつもりです。S&P500配当貴族のETFを持つ考えもあります。特定口座と合わせて20銘柄程度を持つつもりです。

「つみたて投資枠」では資産の最大化を、「成長投資枠」では配当金や分配金の最大化を目指します。60～65歳を目途に、「つみたて投資枠」で育てた投資信託を売却して、その分の資金も日本の高配当株・増配株、もしくはそれらに投資するタイプの東証ETFへとシフトして、継続的に配当金や分配金を得るつもりです。出口戦略として投資信託の取り崩しを行うつもりは一切ありません。

Q 株価の急落や暴落時に不安になってしまいそうです。何かアドバイスを頂けますか？

A 株価が急落しているような状況では不安やストレスを感じがちですが、感情で投資の判断をしないように気をつけましょう。とくに「不安＝売り」は絶対にダメです。

どうしても売りたいのであれば、なぜいま売るのか、自分が納得できるストーリーを心のなかで描いてみてください。**買うときと同じく、売るときにも理由が必要です。**株価が下落してなんとなく怖いから。いまにも、もっと価格が落ちてしまいそうで怖いから……それでは理由になりません。単に感情に流されているだけです。

冷静に状況を判断すれば、**NISAの長期投資では株価の短期的な上下に一喜一憂する必要などない**ことがわかります。そもそもが今後何年も、場合によっては何十年も売るつもりはないのですから。

何かその銘柄特有の株価急落の理由（不祥事など）があるわけではなく、相場全体やセクター全体が急落・暴落しているような状況なのであれば、むしろ追加で安く買える「バーゲンセール」とさえ言えるでしょう。

実際に、投資の経験が長い投資家ほど、相場全体の急落や暴落があれば追加投資するものです。

逆にそんな状況でパニック売りをすれば、一番安いところで損失を確定してしまうことにもなりかねません。不安やストレスに流されて、理由のない売りをしないように気をつけてください。

そのほか、**お酒を飲んでいるときや体調不良のときには投資判断を誤ってしまうケースが多い**ので、どんなに不安でも売買をしないようにすることを勧めます。

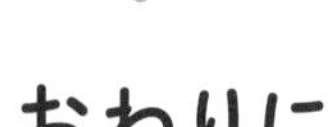

おわりに

最後まで読んでいただいてありがとうございます。

本書は、新しいNISAの徹底活用法として、**「つみたて投資枠で資産を最大化」＋「成長投資枠で配当金・分配金を最大化」**を基本戦略と位置づけて解説してきました。

あまり語られない、しかしもっとも大切な「出口戦略」を踏まえたものです。投資は効率だけで考えず、出口も考えましょう。みなさんの投資リテラシーをアップすることができましたなら幸いです。

本書を出版するにあたりお力添えをくださったみなさまにも御礼申し上げます。出版オファーをくださったすばる舎の菅沼真弘編集長、かわいいイラストを描いてくださったイラストレーターの中山成子さん、文章整理を手伝ってくださった堀容優子さん、その他多くのみなさま、ありがとうございました。

私は30代で見つかった内臓疾患が39歳で悪化して、挫折を味わいました。人生を悲観していたときに、アベノミクスが転機となりました。25歳からしていた投資を勉強し直して、再チャレンジ。どん底から這い上がることができました。行動が人生を変えました。

私がアベノミクスに救われたように、みなさんには新しいNISAがあります。従来のNISAの弱点がおおよそなくなり、「神NISA」へと生まれ変わっています。政治には希望が持てない風潮が漂っていますが、政治が助けてくれることもあると思います。新しいNISAを活用しましょう。**行動して人生を変えましょう。**

私は「ゴールベース」という言葉をよく使います。先に将来あるべき理想の姿を明確にすることで、「いまどう判断し、いまどう行動すべきかが見えてくる」と考えます。それにより、正確に努力でき、正しい方向に進むことができ、目指す「ゴール」に辿り着けるのです。

投資は長旅です。その道中では金融危機、為替レートの変動、政治リスク、地政学リスク、新型コロナのような新しい感染症の発生など、いろいろなことが起こります。またGDP、雇用統計、CPI（消費者物価指数）などいろいろな経済指標の発表があります。

これらによって株価は動きます。そして、株価は上がるときよりも下がるときに急激な動きをします。しかし、慌てないでください。これらに反応して投資判断を下すことは、「マーケットベース」で判断していることになります。それは短期売買のやり方です（上級者向けとなります）。新しいNISAを徹底活用したいのであれば、マーケットベースで判断する必要はありません。**判断基準は、常に「ゴールベース」**と心がけてください。

マーケットベースで判断すると……「株価が暴落したから怖い、早く売ってラクになりたい」と思うかもしれません。

一方、ゴールベースで判断すると……「株は安いときに買うのが鉄則。いまはチャンスだから追加投資しよう」と思うでしょう。そうすることで、より早くゴールに到達できる可能性が高くなるからです。

投資はメンタルが大切ですから、最後に「**おけいどん式ノールック投資**」を紹介しておきます。暴落相場で、買う（追加投資する）気がないなら、ポートフォリオにログインせず、株価すら見ず、嵐が過ぎ去るのを待つのがメンタルを保つ手段になります。見てしまったらガッカリしてメンタルに響きます。投資に限らず何事にも共通することですが、わざわざガッカリする行動を取る必要はありません。

本書が、みなさんの素敵な投資ライフのスタートラインになれたなら幸いです。

ブログ『おけいどんの適温生活と投資日記』や、X（旧Twitter：@okeydon）でも日々発信していますので、そちらでのみなさんとの再会を願っています。それでは、**何事にも「適温」でまいりましょう。**

桶井 道（おけい どん）

索引

数字

A～Z

あ行

か 行

索引

さ行

た行

索 引

○ ま行

○ や行

○ ら行

桶井 道（おけいどん）

個人投資家（投資歴25年）・物書き。
1973年生まれ。就職後、給与の多くを貯金に回し、それを元手に25歳で株式投資を開始。会社員時代は「労働＋節約＋貯金＋投資」の歯車を必死に回し続ける。しかし、39歳のときに持病の調子が悪くなり、年々、体力的にきつく感じるようになる。2017年、43歳で資産が7200万円になったのを機に時短社員にダウンシフト。その後も投資に全精力を傾け、2020年、47歳で資産1億円とともに約25年間勤めた会社を早期退職した。それから3年で資産を1.5億円にまで成長させる。
投資先は世界30か国の高配当株や増配株、ETF、REITなど幅広い。
現在は両親の介護・見守り（父は難病で要介護5、母はがんサバイバー）、そして家事をしつつ、単行本や連載、ブログなどを通じて投資やFIREに関しての情報を発信している。子ども食堂への支援も行う。
著書に『今日からFIRE！ おけいどん式 40代でも遅くない退職準備＆資産形成術』『月20万円の不労所得を手に入れる！ おけいどん式 ほったらかし米国ETF入門』（ともに宝島社）があるほか、「マネー現代」「日興フロッギー」に連載記事、その他投資系メディアに寄稿多数。X（旧ツイッター）アカウント（@okeydon）はフォロワー 7.3万人。

お得な使い方を全然わかっていない投資初心者ですが、

NISAって
結局どうすればいいのか教えてください！

2023年11月14日　第1刷発行
2024年 2 月 9 日　第5刷発行

著　者……………桶井 道
発行者……………徳留 慶太郎
発行所……………株式会社すばる舎
〒170-0013 東京都豊島区東池袋 3-9-7 東池袋織本ビル
TEL 03-3981-8651（代表）　03-3981-0767（営業部直通）
FAX 03-3981-8638
URL https://www.subarusya.jp/
装　丁……………菊池 祐（ライラック）
本文デザイン・図版………矢野 のり子（島津デザイン事務所）
マンガ・イラスト………中山 成子
編集担当…………菅沼 真弘（すばる舎）
印　刷……………ベクトル印刷株式会社

ISBN978-4-7991-1148-2